AF547041

Waldorfpädagogik verstehen und anwenden

Das Praxisbuch

Wie Sie die Prinzipien der Waldorfpädagogik gezielt

im Lehralltag einbinden und innovative

Unterrichtskonzepte erstellen

Anna-Maria Lohmann

ISBN: 978-3969304631

Email: info@edition-lunerion.de
www.edition-lunerion.de

Psiana eCom UG
Berumer Str. 44
26844 Jemgum

Inhalt

Vorwort

Betrachtet man die Schule gestern, heute und morgen, lässt sich leicht feststellen, dass traditionelle Bildungssysteme vor dem Hintergrund der Anforderungen moderner Gesellschaften längst überholt sind und von revolutionäreren Systemen ersetzt werden sollten. Die größte Herausforderung der modernen Welt ist die Komplexität, die mit gesellschaftlichen Veränderungen einhergeht. Anstatt auf diese Veränderungen zu reagieren, verharren pädagogische Institutionen in veralteten Funktionen. Das führt dazu, dass sich die Bildungsungleichheiten weiter verschärfen. In einer Welt, die sich in einem so radikalen Wandel befindet, in der Technologien auf sämtliche Kontexte des Lebens einwirken, die besondere Kompetenzen erfordert und sich mit einer gigantischen Menge an Wissen arrangieren muss, ist es die Aufgabe der Schule, vollkommen neu zu denken. Um eine Bildung zu ermöglichen, die für die Zukunft tauglich ist, müssen hierzu einige Strukturen neu gedacht werden. Dabei müssen nicht nur die Technologien angepasst, sondern auch Methoden und Inhalte von Lernprozessen unweigerlich überdacht werden. Veränderte Inhalte führen dabei dazu, dass sich der Wissens- und der Denkhorizont der Schüler erweitern. Neben den Inhalten müssen zukünftig auch Lernwege individualisierter gestaltet werden, um der Heterogenität der Bildungswege zu entsprechen. Aus diesem Grund wird es zukünftig nötig sein, neue Organisationsformen einzuführen, innerhalb derer das Lernen in geschützten Zusammenhängen stattfinden kann. Hierzu kann die Waldorfpädagogik einen ersten Ansatz leisten.

Das Waldorfkonzept – ein pädagogischer Auftrag

Vor dem Hintergrund der Thematik wird sich der Ratgeber inhaltlich zunächst mit den Ungleichheiten innerhalb des deutschen Bildungssystems befassen. Im Anschluss werden die Unwägbarkeiten des Systems weiter aufgegriffen und es wird erläutert, warum die moderne Schule Kinder nicht auf das Leben vorbereitet. Im weiteren Verlauf soll es dann darum gehen, was Kinder für eine gesunde Entwicklung tatsächlich benötigen. Anschließend wird das Waldorfkonzept in seiner Grundidee und der damit verbundenen Ausgestaltung der einzelnen Prinzipien vor dem Hintergrund einer handlungsorientierten Bildung näher erläutert. Nachfolgend werden die basalen Bausteine, die für die Herausbildung von Kompetenzen innerhalb des Lebens nötig sind, explizit beschrieben. Begleitend werden diverse Praxisbezüge hergestellt, die im Alltag angewendet werden können. Den Erläuterungen folgen die Prinzipien eines handlungsorientierten Unterrichts, der für eine inklusive gedachte Bildung aufgrund der heterogenen Klassenzusammensetzungen unabdingbarer Bestandteil ist.

Da ein handlungsorientierter Unterricht das bisherige Bildungsverständnis verändert, werden im weiteren Verlauf die Kompetenzverschiebungen erläutert, die sich aus diesen Entwicklungen für den Lernbegleiter ergeben. Es folgen praktische Hinweise, wie ein gemeinsamer Unterricht auf der didaktischen Grundlage erfolgen kann. Hierbei werden die Prinzipien der Bedürfnisorientierung, der Heterogenität, der Individualisierung sowie der Differenzierung und des kooperativen Lernens theoretisch und praktisch erläutert. Ergänzend hierzu werden die Methoden der Waldorfpädagogik erklärt und auf praktische Zusammenhänge übertragen. Außerdem erhalten Lehrkräfte konkrete Handlungsanweisungen, wie der Einstieg in einen handlungsorientierten Unterricht gelingen und wie das Lernen erfolgreich gestaltet werden kann. Hierzu werden verschiedene Rituale und Abläufe, die den Alltag erleichtern, vorgestellt. Anschließend wird erläutert, wie der Schülerarbeitsplatz sowie Lernzeiten effektiv zu gestalten sind. Im weiteren Verlauf des Ratgebers werden dann Krisen und Konflikte beschrieben und mögliche Lösungsansätze für Konflikte in der Praxis geliefert. Hier sind beispielsweise die Ansätze gewaltfreier Erziehung sowie der Umgang mit Aggressionen sowie der Umgang mit Konflikten innerhalb des Klassenverbands zu nennen. Anhand von fünf Beispielsituationen werden die Ansätze im Nachgang angewandt und beispielhaft bearbeitet. In einem abschließenden Fazit werden zudem Anregungen gegeben, wie die Waldorfpädagogik innerhalb des Alltags anzuwenden und umzusetzen ist.

Baustelle Bildungssystem: Soziale Auslese anstatt gerechter Förderung für alle?

Soziale Unterschiede bestehen nicht nur in gesellschaftlichen Zusammenhängen, sondern auch innerhalb des Schulsystems. Nach Abschluss der **PISA-Studien** und den damit gesammelten Erkenntnissen hat sich daran nichts verändert.

PISA-Studien

Mit dem Begriff der PISA-Studien werden internationale Studien zusammengefasst, die bei ihren Untersuchungen die Leistungen von Schülern international in den Bereichen Lesen, Mathematik und Naturwissenschaften erfassen. Sie bezieht sich dabei auf die Altersklasse von 15-jährigen Jugendlichen und wird im Auftrag der Organisation für wirtschaftliche Zusammenarbeit und Entwicklung (OECD) durchgeführt.

Seit dem Jahr 2000 werden die PISA-Studien im dreijährigen Turnus erstellt. Die gestellten Testaufgaben orientieren sich in ihrer Ausgestaltung nicht an den länderspezifischen Lehrplänen, sondern an Kompetenzen, die Jugendliche in diesem Alter für den Wissenserwerb benötigen. Die Testungen werden an allen Schultypen durchgeführt und berücksichtigen auch Faktoren wie den sozioökonomischen Hintergrund, die Computernutzung, die jeweiligen Lernzeiten sowie das Leseverhalten der Schüler außerhalb schulischer Lernzeiten.

Schüler aus bildungsfernen Familien bleiben gerade bei Übergängen innerhalb des Schulsystems als Verlierer des Systems zurück. Deutschland gehört zu den Ländern, in denen die Bildungsleistung stark in Abhängigkeit zur sozialen Herkunft zu betrachten ist. Aus Sicht der PISA-Studien tragen Schulen in diesem Kontext verstärkt dazu bei, dass sich die sozialen Unterschiede mit dem Eintritt ins Bildungssystem verstärken. Auch wenn das Bewusstsein durch die Ergebnisse der PISA-Studie für Bildungsungerechtigkeit gewachsen ist, hat sich am Bildungssystem seither nicht viel verändert, sodass die Ungleichheiten weiterhin bestehen. Da Bildung als wichtiger Bestandteil der individuellen Lebenschancen sowie des beruflichen Erfolgs und der Selbstverwirklichung zu betrachten ist und die politische, kulturelle und soziale Teilhabe bedingt, ist diese Erkenntnis bedenklich. Am wenigsten sind diese Entwicklungen noch im Bereich der Grundschule spürbar, da diese von allen Kindern gemeinsam besucht werden. Erst mit dem Abschluss der Grundschule werden die Ungleichheiten im Bildungssystem spürbar. Vor allem die von Lehrern ausgesprochenen Empfehlungen für weiterführende Schulen werden Studien zufolge von der sozialen Herkunft beeinflusst, unabhängig davon, welche individuellen Leistungen das Kind erbringt. Zudem haben Forschungsergebnisse gezeigt, dass Kinder aus unteren sozialen Schichten höhere Leistungen abrufen müssen, um eine ebenso gute Empfehlung zu erhalten wie Kinder aus höheren sozialen Schichten. Das belegte auch die **IGLU-Studie** in ihren Ergebnissen. Die Ergebnisse zeigen, dass auch heute noch die Wahl der Schulform von der jeweiligen sozialen Herkunft abhängen kann.

IGLU-Studie

Im Rahmen der IGLU-Studie werden Schülerinnen und Schüler der vierten Jahrgangsstufe in ihrem Lesevermögen international getestet und verglichen. Bei den Testaufgaben werden dabei unterschiedliche Schwierigkeitsstufen hinsichtlich des Textverstehens und der Textsorten berücksichtigt, die von Kindern in diesem Alter gelesen werden.

Im Vorfeld der Untersuchung wird mithilfe eines Fragebogens das Leseverhalten von Kindern erfasst. Hierzu müssen Fragen zur Lesehäufigkeit sowie der Affinität zum Lesen im Allgemeinen beantwortet werden.

Auf diese Weise bleiben höhere Bildungschancen weiterhin ein soziales Privileg. Die hierdurch entstehende Ungleichheit wird durch die Unterteilung des Bildungssystems in leistungsabhängige Schulformen, Hauptschule, Realschule und Gymnasium, verstärkt. Da hier die Abschlüsse für den Zugang zum späteren Bildungsweg erworben werden, ist die Wahl der Schulform ausschlaggebend für die individuellen Lebenschancen.

Hinzu kommt, dass sich je nach gewähltem Schulniveau bei gleicher Leistungsfähigkeit zweier Kinder die jeweiligen Kompetenzen dennoch unterschiedlich entwickeln. Das konnte im Rahmen der PISA-Studie belegt werden. Werden höhere Schulformen gewählt, erfolgt eine bessere Förderung, sodass auch ein nachträglicher Wechsel der Schulform erschwert wird.

Entscheidend für den Bildungserfolg ist des Weiteren der Zugriff auf eine gute Schule. In sozial schwächeren Gebieten finden sich diese Schulen seltener als in Wohngebieten, in denen hauptsächlich gut situierte Familien leben. Daneben sind weiterführende Schulen für gute Bildungschancen ein entscheidendes Kriterium. Zwar haben auch Haupt- und Realschüler die Möglichkeit, bei entsprechendem Abschluss die gymnasiale Oberstufe zu besuchen, jedoch gestalten sich die Zugänge als formal aufwendig, sodass bestimmte Kriterien (Leistungen) erfüllt sein müssen, um einen Eintritt ins System zu erhalten. Schüler, die sich bereits im gymnasialen Bildungssystem befinden, müssen hingegen kaum formale Kriterien erfüllen und lediglich die Klassenstufe schaffen, um in die Oberstufe eintreten zu können. Wird der Zutritt zu einem allgemeinbildenden Gymnasium nicht gewährt, haben Schüler die Möglichkeit, ihre Hochschulreife an einem berufsbildenden Gymnasium zu absolvieren.

Im Rahmen der Studien konnte jedoch erwiesen werden, dass die Vorbereitung auf die bevorstehende Hochschulreife in keiner Weise gleichwertig mit allgemeinbildenden Gymnasien ist. In der Folge führt dies zu erschwerten Zugängen zu Hochschulen und Universitäten. Nebstdem werden die Abschlüsse von berufsbildenden Gymnasien von Arbeitgebern nicht gleichwertig behandelt wie die eines Absolventen, der seine Hochschulreife an einem allgemeinbildenden Gymnasium absolviert hat. An Hochschulen zeichnet sich ein ähnliches Bild ab: Auch hier stammt der Großteil der Studierenden aus höheren Bildungsschichten. Nur wenige schaffen den Zugang aus niedrigeren sozialen Schichten, was nicht zuletzt der Tatsache geschuldet ist, dass finanzielle Mittel eine Rolle spielen.

Nach wie vor zeigt sich, dass das deutsche Bildungssystem eher als veraltet betrachtet werden kann, da bisher keine Anpassungen vor dem Hintergrund der Aktualität der Zeitgeschichte vorgenommen worden sind. Aus diesem Grund ist die Bildungsgerechtigkeit weiterhin ein Abhängigkeitsfaktor, der sowohl vom jeweiligen Bildungsstand als auch den finanziellen Mitteln des Elternhauses abhängig ist.

Die hiermit entstehenden sozialen Disparitäten, also die Ungleichheiten zwischen verschiedenen Lebensorten, die sich unter Berücksichtigung von Lebens- und Arbeitsbedingungen ergeben, werden während des Durchlaufens des Schulsystems nicht verringert, sondern bleiben bestehen und verstärken sich. Auf diese Weise erhalten Schüler aus schwierigen sozialen Lagen oder mit Migrationshintergrund bei gleicher Leistungsfähigkeit dennoch schlechtere Schulabschlüsse. Somit ist das Schulsystem stark selektiv und weist weder Leistungs- noch Bildungsgerechtigkeit auf.

An vielen Stellen kommt das bestehende Schulsystem bei der Vermittlung nur schwer ohne privaten Nachhilfeunterricht aus, wodurch Schüler aus weniger wohlhabenden Familien benachteiligt werden, zumal die Struktur der Ganztagsschulen nicht flächendeckend vorhanden ist. Deutschland hält damit weiterhin an einem Schulsystem fest, das aus dem vorletzten Jahrhundert stammt und längst überholt ist. Bei sämtlichen Überlegungen zur Verbesserung des Schulsystems wird die zergliederte Struktur des Schulsystems nicht infrage gestellt, sondern ausgeklammert. Auch die Inklusion von Schülern, die einen besonderen Förderbedarf aufweisen, stagniert und ist damit nur wenig zufriedenstellend. Zukünftig sollte es daher verstärkt darum gehen, die Faktoren soziale Herkunft und Bildungserfolg voneinander zu entkoppeln, um die soziale Selektivität zu verringern und das Bildungssystem durchlässiger zu gestalten.

Auf einen Blick:

Soziale Ungleichheiten und das traditionelle Bildungssystem

Im Bereich der frühkindlichen und vorschulischen Entwicklungen werden die Weichen für den Erwerb von kognitiven Kompetenzen (z. B. Lesefähigkeit) und nicht kognitiven Kompetenzen (z. B. Selbstregulation) gelegt. Die Entwicklung der jeweiligen Kompetenzen hängt dabei von der sozialen Herkunft des Kindes ab.

Neben dem familiären Kontext spielt der Besuch der Kindertagesstätte eine tragende Rolle bei der Ausgestaltung und dem Erwerb der Kompetenzen des Kindes.

Insbesondere Kinder aus weniger privilegierten Familien besuchen deutlich seltener ein frühpädagogisches Angebot als Kinder aus privilegierten Familienkontexten.

Im Grundschulalter spielt darüber hinaus der Übergang zu weiterführenden Schulen eine Rolle für die Selektivität des Bildungssystems. Hier hat die soziale Herkunft der Eltern häufig Einfluss auf die von Grundschulen ausgesprochene Empfehlung für das Kind.

Der Übergang und die damit gewählte Schulform grenzen sodann den Kontext an Möglichkeiten ein, um am Bildungssystem zu partizipieren.

Wenngleich die Übergänge fließend gestaltet sind, so sind die unterschiedlichen Anforderungen und vermittelten Lerninhalte innerhalb der verschiedenen Schulsysteme, Hauptschule, Realschule, Gymnasium, doch stark abweichend, sodass es auch hier zu ungleichen Voraussetzungen kommt, sofern ein Schüler nach Abschluss einer niedrigeren Schulform in eine höhere Schulform wechseln möchte.

Hinsichtlich des Übergangs von Schule in einen universitären oder hochschulbasierten Ausbildungsgang sind oft die finanziellen Mittel ausschlaggebend für die Entscheidung für oder gegen ein Studium, sodass auch hier die soziale Herkunft eine Rolle spielt und für Selektion innerhalb des Bildungssystems sorgt.

Warum moderne Schulen Kinder nicht auf ein Leben in der Zukunft vorbereiten

Folgt man dem deutschen Philosophen, Schriftsteller und Publizisten Richard David Precht sowie den Studienergebnissen des Bildungssystems der letzten Jahre, benötigt das deutsche Schulsystem dringend eine Revolution. Diese Revolution findet das deutsche Bildungssystem bereits seit einigen Jahren in den Strömungen der Waldorfpädagogik, sie versteht sich als die Pädagogik der sozialen Gerechtigkeit und plädiert für eine Bildung für alle, die unabhängig von äußeren Faktoren, wie beispielsweise soziale Herkunft, durchgeführt werden soll. Die Waldorfpädagogik wurzelt dabei auf den Bewegungen der sozialen Erneuerung, bei der ein dreigliedriges Schulsystem eher als hemmend für den Bildungserfolg verstanden wird. Diese Denkweise ist auch im Rahmen der heutigen gesellschaftlichen Veränderungen aktuell, da das bestehende Bildungssystem an vielen Stellen Mängel aufweist, die für eine soziale Ungerechtigkeit sorgen.

Richard David Precht

Name: Richard David Precht

Beruf: Philosoph, Essayist, Autor, Publizist sowie Professor für Philosophie und Ästhetik

Geburtstag: 08.12.1964

Geburtsort: Solingen

1984 Studium der Philosophie, Germanistik und Kunstgeschichte

1994 Promotion

seit **1999** Veröffentlichung mehrerer Romane

Im Anschluss an seine Promotion erfolgte die Arbeit als Kolumnist und Essayist für deutschsprachige Zeitungen.

2005 freier WDR-Moderator

2007 Durchbruch mit dem Werk „Wer bin ich – und wenn ja, wie viele?“, in dem er sich mit dem Selbstverständnis des Menschen auseinandersetzt.

2013 Nach weiteren Werken erfolgt die Veröffentlichung des Buchs „Anna, die Schule und der liebe Gott: Der Verrat des Bildungssystems an unseren Kindern“

An vielen Stellen ist das bestehende System daher altmodisch und **überholt** – Kinder werden durch die vermittelten Inhalte auch nur schlecht auf das bevorstehende Leben vorbereitet. Die Umsetzung der Lerninhalte nach einem System von vor über 50 Jahren führt dazu, dass die angeborene Neugier, die jedes Kind in sich trägt, nach und nach verloren geht. Bildungsinhalte werden im Rahmen von Bildungsplänen inhaltlich pedantisch verfolgt, sodass Lehrer im Rahmen der zeitlichen Vorgaben kaum Zeit haben, aktuellen und praxisnahen Lernstoff einfließen zu lassen, selbst, wenn sie es denn wollten.

Zudem sind die vorgegebenen Bildungspläne **einseitig**. Schüler lernen wenig Praktisches, das sie im eigenen Leben später anwenden können. So bleibt Wissen dauerhaft an der Oberfläche, statt praxisnah zu sein. Deutschen Schulen wird in diesem Kontext ein „Bulimie-Lernen" unterstellt. Das heißt, Kinder erhalten in kürzester Zeit eine große Menge an Wissen zu bestimmten Themen, das sie für Prüfungssituationen abrufen und zu Papier bringen müssen. Im Anschluss wird das Erlernte meist ebenso schnell wieder vergessen, da das Lernen keinen nachhaltigen Charakter hat. So haben bereits Philosophen wie Konfuzius die Auffassung vertreten, dass nur das in Erinnerung bleibt, was aus eigener Neugier und Begeisterung erlernt wurde. Den Anforderungen der Gesellschaft hinsichtlich der Lebens- und Arbeitswelt wird diese Form des Lernens längst nicht mehr gerecht.

Zudem fehlen vielen Schulen noch immer **technische Geräte**, die der Ausbildung der Schüler im Kontext einer digitalen Arbeitswelt dienen sollten. Daneben wird dem Schulsystem unterstellt, dass Schüler durch die Durchführung von Hausaufgaben lernen, dass es normal sei, die Arbeit mit ins **heimische Umfeld** zu nehmen. Im Arbeitskontext kann das zu Gesellschaftsproblemen, wie Überarbeitung, Depressionen und Burnout, führen. Der Druck, dem Kinder im Kontext des heutigen Schulsystems ausgesetzt sind, wirkt sich zunehmend negativ auf die **psychische Gesundheit** aus. Die Potenziale, die sich im Bereich der Schule als Ort der Bildung ergeben, werden **nicht vollständig ausgeschöpft**, obwohl der Lernort Schule als Ort der Mitbestimmung und des Miteinanders die Welt verändern kann.

Langfristig bedarf es für Schulen daher mehr Vielfalt auf unterschiedlichen Ebenen, an denen die Waldorfpädagogik bereits ansetzt. Dies gilt sowohl für das unterrichtende Personal als auch für das vermittelte Wissen. Auf diese Weise kann Schule zu einem Ort werden, der

- ✓ Schüler auf den bevorstehenden Alltag des Lebens vorbereitet,
- ✓ nützliches Wissen vermittelt und
- ✓ in Form eines Trainingscamps auf die Herausforderungen des Erwachsenenlebens vorbereitet.

Auf dem Weg zurück zur Kindheit: Was Kinder wirklich brauchen

Kindheit als Entwicklungsphase prägt durch die in ihr gesammelten Erfahrungen die spätere Persönlichkeit. Sie trägt dazu bei, wie Erwachsene sich verhalten. So können negative Einflüsse während der Kindheit zu psychischen Störungen sowohl in der Jugend als auch im Erwachsenenalter führen. Das Glück der Kindheit hängt dabei nicht von Faktoren wie Spielzeug oder monetärem Luxus ab, sondern davon, wie positiv zwischenmenschliche Beziehungen erlebt werden und ob das Aufwachsen in einem gesunden Umfeld möglich ist.

Kindheit wird hierbei als die Phase zwischen der frühen Kindheit und der Jugend im Alter von sechs bis elf Jahren definiert.

Mit Blick auf die Entwicklungspsychologie stellt sie damit die zweite Phase der menschlichen Entwicklung dar. Kinder erleben in dieser Phase ihres Lebens wichtige Fortschritte in verschiedenen Kompetenzbereichen, wie das Erlernen motorischer Kompetenzen, das Erlernen von Sprache, das Erlernen sozialer Kooperation, die Identifikation mit der Geschlechterrolle, die Impulskontrolle, der Erwerb von Kulturtechniken oder das Spielen und Arbeiten im Team. Durch die mit dem Alter eintretende Schulpflicht machen Kinder viele neue Erfahrungen, die mit Anforderungen verbunden sind, denen sie gerecht werden müssen.

Dabei ist die **kognitive Weiterentwicklung** stark von den Erfahrungen im Schulkontext abhängig. Kognitive Fähigkeiten bezeichnen in diesem Zusammenhang die Weiterverarbeitung von aus der Umwelt aufgenommenen Reizen und Einflüssen durch die geistige Wahrnehmung und durch Denkprozesse.

Beispiel:
In der Kindertagesstätte entdeckt ein Kind ein neues Spielzeug, das es bis dahin nicht kannte. Es fragt die Erzieherin, was es mit dem Spielzeug auf sich habe. Die Erzieherin betitelt das Spielzeug mit dem Namen „magnetischer Baustein". Dann lässt sie aus etwas Entfernung das Kind nach einer kurzen Erklärung, dass die Steine aneinander befestigt werden können, allein und beobachtet es. Im Zuge der Kognition beginnt das Kind, sich mit dem Spielzeug auseinanderzusetzen, und findet heraus, dass es aus dem Spielzeug verschiedene Figuren formen kann (entdeckendes Lernen).

Kognition findet somit in allen Zusammenhängen des täglichen Lebens statt. Zu den kognitiven Fähigkeiten können dabei

- die Konzentrationsfähigkeit,
- die Lernfähigkeit,
- die Fähigkeit, sich zu erinnern,
- die Aufmerksamkeit,
- die Erinnerung,
- das Lernen,
- die Kreativität,
- das Planen,
- die Orientierung,
- die Vorstellungskraft und
- der Wille zählen.

Zeit

Sollen Kinder sich gesund entwickeln, spielt der Faktor Zeit auf verschiedenen Ebenen eine zentrale Rolle. Wollen Sie Ihrem Kind eine glückliche Kindheit bescheren, ist es wichtig, dass Sie sich mit Ihrem Kind beschäftigen. Hier werden die Weichen für das weitere Leben gestellt, auch im Hinblick auf soziale Beziehungen. Erfährt das Kind soziale Interaktionen als positiv und lernt es, dass Menschen im direkten Umfeld sich Zeit nehmen zum Spielen und Lernen, wird es dies in seiner Persönlichkeit verankern und in spätere Lebenszusammenhänge mit anderen Menschen übertragen. Darüber hinaus benötigen Kinder für die Entdeckung der Welt Zeit. Sie wollen ihre Umwelt erkunden und alles um sich herum entdecken. Insbesondere für sehr junge

Kinder existiert in der Welt nichts, was sie als uninteressant erachten. Bei einem Spaziergang wird jeder Kieselstein, jeder Käfer, jede Blume und jedes Blatt begutachtet. Hierdurch eignet sich das Kind seine Umwelt an und setzt sich mit ihr auseinander. Nicht außer Acht gelassen werden sollte nebstdem, dass Kinder Zeit benötigen, um sich mit sich selbst auseinanderzusetzen. Hierzu gehören beispielsweise Tätigkeiten wie das Hüten von Geheimnissen, das Klettern auf Bäume sowie das Erkunden von Verstecken. Bei der Entdeckung der Welt sollten Kinder dabei keinem Druck ausgesetzt sein, um sich in aller Ruhe mit dem Lerngegenstand befassen zu können.

Individualität

Jedes Kind möchte in seiner Besonderheit wahrgenommen werden. Während des Aufwachsens benötigen Kinder daher Bestätigung und Förderung, um ihre Begabungen und Anlagen zu erkennen und auszuprobieren. Werden die Stärken des Kindes erkannt, fühlt sich das Kind in seiner Persönlichkeit gestärkt und lernt, seine Talente und Vorlieben entsprechend seiner Begabungen einzusetzen. Erhalten Kinder während des Aufwachsens eine individuelle Förderung entsprechend ihrer Fähigkeiten und Kompetenzen, stärkt dies die Persönlichkeit des Kindes. In der Folge führt dies zur Ausbildung eines Selbstvertrauens in das eigene Können, bei dem die eigenen Talente besser abgeschätzt werden können.

Anerkennung

Damit Kinder in der Interaktion mit anderen eine positive Grundhaltung erfahren, ist es wichtig, dass sie durch Erwachsene Anerkennung und Lob erfahren. Sie sollten spüren, dass man ihnen etwas zutraut und ihre Leistungen ohne Vorbehalt anerkannt werden. Anerkennung benötigen Kinder auf dieser Basis, um sich mit sich selbst wohlzufühlen und ihren Selbstwert anzuerkennen. Daneben motiviert die Anerkennung der erbrachten Leistung das Kind dazu, weitere Leistungen in Form von bestimmten Kompetenzen herauszuarbeiten. Die Aufgabe der Erwachsenen besteht letztlich darin, die richtige Balance zwischen Über- und Unterforderung zu finden. Das richtige Maß bestimmt dabei, inwieweit das Kind seine tatsächlichen Fähigkeiten erleben kann. Folglich sollten Eltern und Erziehende darauf achten, dass ein Gleichgewicht zwischen über- und unterfordernden Aufgaben vorhanden ist, da es dem Kind auf diese Weise gelingt, Erfolgserlebnisse auszuleben und den Umgang mit Misserfolgen zu erlernen. Exemplarisch ist es von zentraler Bedeutung, wie Misserfolge kommuniziert werden. Werden sie beispielsweise von

Erwachsenen erklärt und die Schwierigkeit der Aufgabe wird honoriert, führt dies zu einem gesunden Selbstkonzept.

Verlässliche Beziehungen

Für das Heranwachsen eines gesunden Erwachsenen ist es wichtig, dass Kinder im Verlauf ihres Lebens verlässliche Beziehungen erfahren. Darauf basierend besteht die Aufgabe der Eltern darin, dem Kind eine stabile und sichere Bindung auch in schwierigen Lebensphasen, wie beispielsweise der Pubertät, zu bieten. Dementsprechend benötigen insbesondere Kinder und Jugendliche Liebe und Geborgenheit sowie Sorge und Schutz. In Anlehnung daran erleben Kinder Beziehungen als sozialen Prozess, bei dem Menschen aufeinander eingehen und miteinander interagieren, wodurch sie lernen, ihre Gefühlswelt auszudrücken, eigene Wünsche zu erkennen sowie selbstständig Bindungen mit Altersgenossen einzugehen. Sichere Bindungen in der Kindheit sorgen im Erwachsenenalter für die Beziehungsfähigkeit und stellen damit die Voraussetzung für das künftige Leben dar. In allen Lebensphasen ist das Führen von Beziehungen ein grundlegendes Bedürfnis.

Das Waldorfkonzept

Ein möglicher Ansatz für einen Wandel im Bildungssystem stellt das Konzept der Waldorfpädagogik mit seinen Ansätzen und Grundannahmen dar. Sie findet in ihrem Ursprung vornehmlich in Waldorfkindergärten oder Waldorfschulen Anwendung.

Die erste Waldorfschule im Jahr 1919 geht dabei auf den Gründer Rudolf Steiner (1861-1925) zurück, der zusammen mit dem Besitzer einer Fabrik, Emil Molt, eine Schule für Arbeiterkinder in Stuttgart gründete. Die Namensgebung erfolgte dabei in Anlehnung an den Namen der Fabrik ‚Waldorf Astoria Zigarettenfabrik'. Hier wurde erstmals das Prinzip sozialer Bildungsgerechtigkeit berücksichtigt und umgesetzt. Innerhalb der Waldorfschule erfolgte Bildung losgelöst von Begabungen oder der sozialen Herkunft der Eltern.

Rudolf Steiner (1861-1925)

Geburtsort: Ungarn (damals Kaisertum Österreich)

Begründer der Anthroposophie (spirituelle Weltanschauung, auf der die Waldorfpädagogik basiert) sowie Buchautor

Studium: Mathematik, Physik, Naturgeschichte

1882 wird er mit der Herausgabe von Goethes Sammlung „Deutsche National-Literatur" beauftragt.

1884 Tätigkeit als Hauslehrer für ein behindertes Kind, für das er im Rahmen seiner Lehrtätigkeit einen speziellen Bildungsweg entwickelt, die er später in seine Waldorfpädagogik integriert.

1897 unterrichtet Steiner in der Arbeiterbildung.

1919 wird Rudolf Steiner von Emil Molt gebeten, in seiner Zigarettenfabrik eine Freie Waldorfschule in Stuttgart zusammen mit ihm zu gründen.

Emil Molt (1876-1936)

Deutscher Unternehmer, Sozialreformer, Theosoph und Anthroposoph

Zusammen mit Rudolf Steiner war er der Gründer der ersten Waldorfschule.

1889 kam Emil Molt nach dem Tod von Vater und Mutter in die Obhut seines Onkels, der ihm den Zugang zum Gymnasium ermöglichte.

1900 kam er mit der modernen Theosophie in Berührung und machte mit Rudolf Steiner Bekanntschaft.

1919 hielt Steiner einen Vortrag in der Fabrik von Molt, woraufhin Molt Steiner um die Gründung einer Schule in seiner Fabrik bat.

Ziel war es, allen jungen Menschen eine gemeinsame Bildung zukommen zu lassen. Auf diese Weise gelang es der Waldorfpädagogik, anders als dem heutigen Bildungssystem, statt eines selektiven Vorgehens der Auslese eine Pädagogik der Förderung zu schaffen. Im Anschluss an die Gründung wuchs die Waldorfschule rasant. Besucht wurde sie damals zu einem Großteil von Kindern der Arbeiter der Zigarettenfabrik. Hinzu kamen nach dem Ende des Ersten Weltkriegs auch andere Kinder, die sich im Rahmen der Bildung ihrer Kinder an menschlicheren Werten orientieren wollten.

Die Unterrichtung erfolgte durch 12 Lehrer und Lehrerinnen, die durch Rudolf Steiner durch einen zweiwöchigen Intensivkurs in Bereichen der Menschenkunde und Didaktik geschult worden waren. Die praktische Aneignung erfolgte über das Unterrichten der Kinder. Bis zum Eintritt des Zweiten Weltkriegs wurden 34 weitere Schulen in der Schweiz, Holland, Norwegen, Deutschland, England, Schweden, Österreich, Ungarn und den USA gegründet. Mit dem Beginn des Zweiten Weltkriegs wurden die Schulen geschlossen. In der Nachkriegszeit verfestigte sich das pädagogische Modell und wurde zu einem weit verbreiteten Konzept. In ihren Annahmen orientierte sich die Waldorfpädagogik an einem Leitspruch des chinesischen Philosophen Konfuzius:

„Erzähle es mir – und ich werde es vergessen.
Zeige es mir – und ich werde mich erinnern.
Lass es mich tun – und ich werde es behalten."

Kinder sollen im Kontext dieses pädagogischen Ansatzes in ihrer Einzigartigkeit angenommen werden. Darauf basierend sollen Kinder während des Lernens Sachverhalte durch die kindliche Entdeckung verstehen lernen. Als zentraler Baustein gilt dabei die selbstständige Auseinandersetzung mit dem Lerngegenstand oder einer Thematik.

Die Waldorfpädagogik zählt damit zu den reformpädagogischen Ansätzen, die auf den Grundbausteinen der *Anthroposophie*, also der Lehre vom Menschen, basieren. Schon kurze Zeit darauf entstanden nach dem Vorbild dieser Schule weitere Institutionen, die zum Teil bis heute existieren und in verschiedenen Ländern betrieben werden.

Die Grundidee

Die Grundidee der Waldorfpädagogik geht in ihren Annahmen von einem **Lernen im Sinne der Nachahmung** aus. Hierbei folgt die Waldorfpädagogik der Überzeugung, dass dem Lernen ein anthroposophisches Menschenbild zugrunde liegt. Steiner spricht dabei davon, dass der Mensch in Seele, Geist und Leib zu unterteilen ist. Auf dieser Grundlage ist es im Sinne des Begründers wichtig, dass der Mensch im Denken, Fühlen und Wollen gleichberechtigt geschult werden muss.
Im Sinne eines Schulsystems durchlaufen alle Schüler 12 Schuljahre. Die Möglichkeit des Sitzenbleibens besteht nicht. Der Lehrplan richtet sich dabei an den Bedürfnissen des Kindes sowie seiner seelischen und geistigen Veranlagung und der daraus resultierenden Begabung aus. Neben sachbezogenen Themen werden auch künstlerische Schwerpunkte gefördert. Dies soll die Fähigkeiten des Schülers schöpferisch ausbilden und seine Erlebniskräfte fördern. Die praktische Lebensorientierung erfolgt im Rahmen des Konzepts durch künstlerisch-handwerklichen Unterricht. Er soll den Willen des Schülers festigen und ihn zum Ausprobieren motivieren. Ein besonderes Merkmal der Waldorfpädagogik ist der an der Entwicklung des Kindes orientierte Lehrplan, der darauf abzielt, innere menschliche Freiheit bei den Schülern zu erschaffen. Gerade in den ersten Jahren arbeitet die Waldorfpädagogik mit bildhaften Darstellungen, um Sachverhalte besser zu verdeutlichen. Ein Zensursystem existiert innerhalb der Waldorfpädagogik nicht. Im Rahmen der Zeugnisvergabe werden die Begabungen in Form von detaillierten Leistungsbeschreibungen verschriftlicht, um so besondere Fähigkeiten und Kompetenzen hervorheben zu können.

Waldorfeinrichtungen gelten innerhalb des Bildungssystems als *Freie Schulen*. In Deutschland gelten sie als staatlich anerkannte Ersatzschulen in freier Trägerschaft und sind daher staatlich genehmigt. Die Verwaltung erfolgt dabei sowohl durch die Eltern als auch durch die Lehrer. Die Finanzierung erfolgt über das Schulgeld, das sich nach dem Einkommen der Eltern staffelt. Daneben erhalten Waldorfeinrichtungen staatliche Zuschüsse, die bei der Deckung der Betriebskosten unterstützen sollen. Eine pädagogische Leitung existiert nicht, da diese in wöchentlichen Lehrerkonferenzen durch die gleichberechtigte Mitwirkung von allen Lehrern umgesetzt wird. Die Grundlage für die Entwicklung der pädagogischen Grundsätze bildet die anthroposophische Geisteswissenschaft.

Kopf, Herz und Hand: Die Pädagogik der Handlungsorientierung

Als besonderes Prinzip innerhalb der Waldorfpädagogik gilt das Verhältnis von

Kopf Herz Hand

also die Verknüpfung des Willens, des Gefühls und der Vorstellung. Diese Ausgestaltung ergibt sich aus der funktionalen Dreigliederung des menschlichen Organismus in die folgenden Bereiche:

- Nerven- und Sinneszentrale (Gehirn) → Kopf (kognitiv)
- Atmung und Kreislauf (Lunge und Herz) → Herz (affektiv)
- Stoffwechsel und Gliedmaßen (Rumpf und Verdauung) → Hand (psychomotorisch)

Definition: Handlungsorientierung
Die Handlungsorientierung umschreibt einen Zustand, bei dem die Aufmerksamkeit auf die Realisierung von Handlungen gerichtet ist. Bei der Ausführung der Handlung werden die vorhandenen Kenntnisse und Fähigkeiten für die Umsetzung der Handlung verwendet. Dabei bindet sie alle Formen des Lernens (kognitiv, affektiv, psychomotorisch) ganzheitlich ein und fokussiert das lebendige Lernen. Damit stellt sie das Pendant zur Fachorientierung dar.

Daher ist die Pädagogik nach Steiner durch eine Handlungsorientierung geprägt:

➢ Durch die Aktivität und das Tätigwerden innerhalb des Lernprozesses reifen innerhalb des kindlichen *Hirns* kognitive Prozesse, die Fähigkeiten und Kompetenzen herausbilden. Dieses Prinzip wird in allen waldorfpädagogischen Institutionen verfolgt.

➢ Durch das Ansprechen des *Herzens* kann ein Bezug zur Gegenwart hergestellt werden, wodurch die Kinder selbstständig Tätigkeiten nachgehen, die ihnen helfen, das Thema praktisch durch das Ausleben ihrer Kreativität zu begreifen.

➢ Es folgt die kognitive Auseinandersetzung auf psychomotorischer Ebene, die das Lernen erfahrbar und möglich macht.

Die Auseinandersetzung mit den Lerninhalten mit Kopf, Herz und Hand befördert die Kreativität und hilft dabei, die eigenen Fähigkeiten zu ergründen, um diese im späteren Leben besser verorten zu können. Alles, worin sich Kinder erproben, soll dabei mithilfe des Denkens beleuchtet, vom Gefühl erfahrbar gemacht und mit dem Willen umgesetzt werden. Hierbei geht die Waldorfpädagogik davon aus, dass keiner der Bereiche ohne den anderen funktioniert. So wird beispielsweise das Denken immer auch durch den Willen und das Fühlen durchdrungen.

Beispiel:
Im Zuge der Aneignung innerhalb von Unterrichts- oder Lernprozessen in Waldorfeinrichtungen erfährt das Kind ein neues Fach zunächst über das Gefühl. Dies kann von der Lehrkraft oder dem Erzieher beispielsweise durch das Vortragen einer anschaulichen Demonstration einer Begebenheit erfolgen. Am darauffolgenden Tag kann die Demonstration erinnert und erklärt werden, sodass sich das Wissen vertiefen kann. Aus den Erklärungen ergeben sich für die Kinder meist Fragen, die der intrinsischen Neugier entspringen und im Kind dafür sorgen, dass es selbst kreativ werden möchte. Diese neugewonnene Kreativität kann am darauffolgenden Tag aufgegriffen und durch eine Erprobung am Lernstoff oder einem Experiment umgesetzt werden. In der Folge dieses Lernprozesses werden sich alle Bereiche gleichberechtigt ausbilden, sich gegenseitig ergänzen und bestärken, falls nötig.

Musisch-künstlerische Förderung

Neben der dreigliedrigen Betrachtung des Kindes gehört die musisch-künstlerische Förderung zu einer der Säulen der Waldorfpädagogik. Ihr kommt im Rahmen von Waldorfeinrichtungen ein besonderer Stellenwert zu. In diesem Bereich der kindlichen Förderung wird sowohl die Fantasie als auch die Kreativität herausgefordert. Hierbei wird das Empfinden für Qualitäten entwickelt. Durch das rhythmische Sprechen, Tanzen und Gestalten soll das individuelle Potenzial des Kindes entfaltet werden. Die Aufgabe der musisch-künstlerischen Förderung ist es dabei, die sinnliche und geistige Natur des Kindes miteinander zu vereinen. Zudem verknüpft sich das Spielerische mit der Arbeit und befördert auf diese Weise die Intelligenz.

Handwerken

Im Rahmen der Waldorfpädagogik übernimmt das künstlerische Handwerk in Form von Schmieden, Malen, Werken, Plastifizieren und Korbflechten die Funktion, die kreativen Fähigkeiten der Kinder zu entwickeln. Hierbei sollen Kinder die Welt durch selbst erworbenes Wissen erfahren und dadurch die ganzheitliche Entwicklung befördern. Werden einzelne Abläufe selbstständig erprobt, erscheinen Handlungen nachvollziehbar und in sich schlüssig. Das Unterrichtsfach geht dabei auf die Annahme von Rudolf Steiner zurück, dass Lernen während der Arbeit die Grundlage für die individuelle Freiheitsentwicklung darstellt.

Bewegung

Zum Konzept von Waldorfeinrichtungen zählt Bewegung als zentraler Baustein der Pädagogik. Während jedes Unterrichtsfachs ist Bewegung vorgesehen. Das soll dazu beitragen, dass das Lernen schneller gelingt. Diesem Vorgehen liegt die Grundannahme zugrunde, dass das Gehirn in Bewegung ständig mit Sauerstoff versorgt wird und dadurch merkfähiger und leistungsstärker ist. Hierzu zählt auch das Fach Eurythmie, das bei Gegnern der Waldorfpädagogik auch als „Namen tanzen“ verrufen ist. Tatsächlich beschäftigt sich dieses Fach mit der Koordination von Körper und Geist, wobei das Rhythmusgefühl mit Worten, Klängen und Lauten durch die Umsetzung von Körperbewegungen in Einklang gebracht wird. Dabei sollen Kinder lernen, dass sie ihren Körper nutzen können, um bestimmte Dinge zum Ausdruck zu bringen. Als Nebeneffekt wird dabei durch die Umsetzung von verschiedenen Bewegungsabläufen die Koordination innerhalb des Raumes erlernt.

Fremdsprachen

Fremdsprachen werden innerhalb der Waldorfpädagogik bereits ab der ersten Klasse erlernt. Anders als in staatlichen Grundschulen werden hier bereits zwei Sprachen erlernt. Während des Unterrichts werden die Fremdsprachenkenntnisse in Form von Theaterspielen (später auch vor Publikum) geübt und vorgetragen.

Bewertungsverfahren

Im Vergleich zu staatlichen Schulen existiert an Waldorfschulen kein übliches Zensurverfahren. Leistungen werden nicht mit Zensuren bewertet. Leistungen werden ausschließlich in Form der Beschreibung von Lernfortschritten beschrieben, die auch die Persönlichkeitsentwicklung berücksichtigen. Dennoch werden am Ende eines Schuljahres Zeugnisse vergeben. Sie erfassen detailliert die Fähigkeiten und Kompetenzen der Kinder und erklären in Form einer expliziten schriftlichen Auflistung die Leistungen und Stärken des Kindes. Zudem werden der Leistungsfortschritt, die Bemühungen und die jeweilige Begabungslage erfasst. Diese werden differenziert für die unterschiedlichen Fächer dargeboten.

Der Klassenverband bleibt von der ersten bis zur 13. Klasse bestehen. Klassenlehrer bleiben innerhalb des Konzepts der Waldorfpädagogik auf Basis des Grundpfeilers einer vertrauensvollen Beziehung für acht Jahre erhalten. Während des Unterrichts steht die individuelle Entwicklung jedes Schülers im Vordergrund. Ein Schulabschluss ist innerhalb der Waldorfpädagogik sowohl mit der Mittleren Reife als auch mit Fachabitur oder Abitur möglich. Anders als bei allgemeinbildenden Schulen ist das Abitur an der Waldorfschule jedoch erst nach 13 Schuljahren zu absolvieren. Bei der Vergabe der Abschlüsse werden die bundeslandspezifischen Regularien von den Waldorfschulen eingehalten.

Auf einen Blick:

Das Waldorfkonzept

Im Rahmen der Waldorfpädagogik wird davon ausgegangen, dass das Kind in den ersten 7 Lebensjahren unfertig ist. Dabei wird die Entwicklung in vier Phasen unterteilt:

Geburt bis 7 Jahre: In dieser Phase findet die Entfaltung des Körpers statt. Das Lernen erfolgt durch Nachahmung.

7 bis 14 Jahre: In dieser Phase benötigen Kinder Erwachsene, um sich die Welt anzueignen.

14 bis 21 Jahre: Im Alter von 14 bis 21 Jahren findet die Ausbildung der Geschlechtsreife statt. Hier werden auch die geistigen Kräfte geschult.

21 bis 28 Jahre: Im Alter von 21 bis 28 Jahren findet die Identitätsentwicklung statt. Zudem kommt es zur Gewissens- und Urteilsbildung.

Bei der Ausgestaltung des Erfahrungsraums für das Kind greift die Waldorfpädagogik auf Naturmaterialien zurück.

Das Spiel des Kindes verfolgt zunächst einen unbestimmten Zweck, wodurch die Kita auch nicht als Vorbereitung auf die Schule, sondern auf gesellschaftliche Zusammenhänge angesehen wird.

Der Unterricht findet im Rahmen des Waldorfkonzepts fächerübergreifend statt und ist in sogenannte Epochen gegliedert.

Die Betreuung der Schüler erfolgt im Rahmen des Waldorfkonzepts durchgängig durch den Klassenlehrer.

Prinzipien der handlungsorientierten Bildung

Soll das Bildungssystem in seinen Strukturen an die moderne Welt angepasst werden, erfordert dies ein Umdenken. Mit dem Umdenken sollte auch eine veränderte Ausrichtung hinsichtlich der vermittelten Lerninhalte einhergehen. Die Anforderungen und Zielsetzungen im Kontext von Unterricht und Bildung sollten sich daher an zeitgemäßen Strukturen orientieren, um den Veränderungen sowohl auf sozialer als auch gesellschaftlicher und beruflicher Ebene gerecht werden zu können. Mit der Veränderung der Lerninhalte wird der multikulturellen und multimedialen Welt entsprochen und auf neue Werte und Normvorstellungen reagiert. Hierbei spielen auch die mit der Globalisierung einhergehenden Veränderungen in technischen, politischen und wirtschaftlichen Bereichen eine Rolle. In einer veränderten Welt sollten Kinder darauf vorbereitet werden, das Lernen zu lernen und ein lebenslanges Interesse an der Weiterentwicklung der eigenen Fähigkeiten zu wahren. Auf diese Weise lernen sie lebenslang, auf Veränderungen innerhalb der Gesellschaft und im beruflichen Kontext reagieren zu können.

Die Waldorfpädagogik verfolgt in ihren Ansätzen bereits die Prinzipien des handlungsorientierten Unterrichts und passt damit die Inhalte des Unterrichts an gesellschaftliche Veränderungen an. Hierbei verfolgt sie das Ziel, die Kinder auf sich wandelnde Werte und Fähigkeiten vorzubereiten. Handlungsorientierter Unterricht beschreibt in diesem Kontext eine Form des ganzheitlichen Unterrichts, bei der die Schüler aktiv am Unterricht beteiligt werden sollen. Der Lehrer übernimmt in diesem Zusammenhang die Aufgabe des Anleiters, der den Unterricht organisiert. Innerhalb des handlungsorientierten Unterrichts geht es darum, mit anderen Lernenden in Form eines Projekts an einem Handlungsprojekt zu arbeiten, dieses zu entwickeln und zu präsentieren. Die Lehrkraft definiert dabei den jeweiligen Themenschwerpunkt. Bei der Darstellung der Ergebnisse kann das Handlungsprodukt in unterschiedlichen Formen vorgetragen werden, sodass sich der handlungsorientierte Unterricht auf alle Fächer übertragen lässt.

Als Beispiel für mögliche Darstellungsformen ergeben sich hieraus die folgenden Methoden für die Ausgestaltung des handlungsorientierten Unterrichts:

- Reden
- Plakate
- Protokolle
- Portfolios
- Tafelbilder
- Schaubilder
- Modelle
- Mindmaps
- Broschüren
- Websites
- Infoblätter
- Comics
- Collagen
- Ausstellungen
- Videos
- Lieder
- Rollenspiele
- PowerPoint-Präsentationen
- E-Mails
- Blogeinträge
- ...

Die Struktur des Unterrichts wird maßgeblich in seiner Form von dem im Vorfeld mit der Lehrkraft vereinbarten Handlungsprodukt bestimmt. In der Regel geht er von einer konkreten Situation zu einer Übung aus, woraus in einem zweiten Schritt eine allgemeingültige Gesetzmäßigkeit oder ein allgemeines Prinzip abgeleitet wird. Dies wird auch als *induktives Vorgehen* bezeichnet.

Induktives Vorgehen
Beim induktiven Vorgehen wird aus einem speziellen Sachverhalt eine allgemeine Bedingung abgeleitet. Im Kern geht es im Kontext des induktiven Vorgehens um das Verstehen eines Sachverhalts, bei dem die Wahrnehmungen tiefgreifender verarbeitet werden sollen. Auf Basis von früheren Sachverhalten wird dann der Einzelfall analysiert, um daraus sowohl Regeln als auch Definitionen abzuleiten.

Erläutert man das induktive Lernen zur Verdeutlichung an einem Beispiel, zeigt sich die Struktur des Ansatzes deutlich:

- Im Laufe Ihres Lebens haben Sie durch Beobachtung gelernt, dass Ihre Pflanzen eingehen, wenn Sie sie nicht gießen. Hieraus leitet Ihr Gehirn die logische Schlussfolgerung ab, dass alle Pflanzen, die kein Wasser bekommen, eingehen.

Aufgrund dieses Vorgehens bietet der Unterricht ein ganzheitliches Lernen, bei dem sowohl die Kognition als auch Emotion und Motorik (Kopf, Herz, Hand) angesprochen werden. Als didaktisches Element des handlungsorientierten Unterrichts wird dabei der Lebensweltbezug eingesetzt. Der Lebensweltbezug beschreibt dabei, dass sich die Unterrichtsinhalte und Problemstellungen der Aufgabe an Situationen und Themen der aktuellen Lebenswelt der Kinder/Lernenden ausrichten sollen. Durch die Orientierung an der Lebenswelt wird den Grundsätzen des zielgerichteten Tuns entsprochen. Lerninhalte bleiben entsprechend konstruktiv und zielorientiert.

Somit geht es beim handlungsorientierten Lernen um die selbstständige Durchführung des Lernprozesses, bei gleichzeitiger Betätigung von Kopf- und Handarbeit. Dies ermöglicht ein experimentelles Lernen, das nicht nur mit der Hilfe aller Sinne erfolgt, sondern auch nachhaltig ist. Bevor Aufgaben gelöst werden können, müssen sie innerhalb des handlungsorientierten Unterrichts vollumfänglich verstanden werden, um aus der Aufgabenstellung Lösungswege ableiten zu können. Damit stärkt der handlungsorientierte Unterricht sowohl die Selbsttätigkeit als auch die Eigenverantwortung der Lernenden. Für die Umsetzung des Lernprozesses benötigen die Lernenden einen gewissen Grad an Teamfähigkeit sowie kommunikative Kernkompetenzen.

Daneben wird der fachübergreifende Unterricht durch das handlungsorientierte Lernen in Gang gesetzt.

Befähigung zum autonomen Lernen: Kompetenzorientierung statt Wissensvermittlung

Damit das Lernen lebenslang fortgesetzt werden kann, bedarf es der Ausbildung bestimmter Kompetenzen und Qualifikationen. Mit Qualifikationen sind hier nicht bestimmte praktische Tätigkeiten gemeint, sondern Einstellungen und Haltungen, wie beispielsweise Verantwortungsbewusstsein, Selbstständigkeit, Kreativität, Kommunikations- und Kooperationsfähigkeit sowie problemlösendes Denken. Diese Qualifikationen bilden die Grundlage für die Entstehung von Kompetenzen. Der Begriff der Kompetenzen umschreibt vor diesem Hintergrund Fertigkeiten und Fähigkeiten, die in direktem Bezug zu praktischen Tätigkeiten stehen. Drei Formen von Kompetenzen sind in diesem Zusammenhang unabdingbar:

- Fachkompetenz
- Methodenkompetenz
- Sozialkompetenz

Fachkompetenz

Mit der Fachkompetenz werden Fähigkeiten beschrieben, die sich auf einen spezifischen (Berufs-)Bereich beziehen.

Sie umfasst das fachbezogene und fachübergreifende Wissen, das benötigt wird, um Handlungszusammenhänge zu überprüfen und anzuwenden. Fachkompetenz wird meist im Rahmen einer Ausbildung oder Weiterbildung erworben.

Fachkompetenzen sind dabei beispielsweise

- die Kenntnis von Fachbegriffen zu einem bestimmten Sachverhalt,
- die Anwendung von Kommunikationstechniken im Kundenkontakt oder
- die kompetente Einschätzung von Risiken und Gefahren innerhalb eines Arbeitsbereichs.

Methodenkompetenz

> Die Methodenkompetenz definiert die Fähigkeit und das Wissen darüber, wie die Aneignung von Wissen in modernen Gesellschaftszusammenhängen erfolgen kann.

Damit umfasst die Methodenkompetenz Strategien, Arbeits- und Lerntechniken sowie Methoden, die den Erwerb von Wissen unterstützen.

Auf diese Weise kann bei fehlendem Wissen durch das Anwenden der Methodik das fehlende Wissen erarbeitet werden, um die Gesamtzusammenhänge besser zu verstehen.

Als Beispiele für die Methodenkompetenz können dabei

- das selbstständige Arbeiten,
- ein analytisches Denken,
- Problemlösefähigkeiten sowie
- interdisziplinäres Arbeiten und
- souveränes Auftreten

angeführt werden.

Sozialkompetenz

> Im Vergleich zur Methodenkompetenz umschreibt die Sozialkompetenz die Fähigkeit, mit anderen im Team zusammenarbeiten zu können.

Hierzu zählt zudem das Verständnis für andere Kulturen sowie die Fähigkeit zur Empathie. Sozialkompetenzen stellen somit ein Bündel an Fähigkeiten dar, die den Umgang mit anderen Menschen erleichtern und in der Arbeitswelt nützlich sind, wenn es um die Bewältigung von Arbeitsaufgaben geht.

Beispiele für Sozialkompetenzen sind dabei

- Kompromissbereitschaft,
- Kommunikationsfähigkeit,
- Teamfähigkeit sowie
- die Fähigkeit zur Empathie.

Auf der Grundlage der benannten Kompetenzen wird die **berufliche Handlungskompetenz** ausgebildet, sodass die Herausbildung dieser Fertigkeiten im Rahmen der Vermittlung von Lern- und Bildungsinhalten fokussiert werden sollte. Vor dem Hintergrund einer sich ständig im Wandel befindlichen Welt muss es daher darum gehen, Kinder dazu zu befähigen, autonom zu lernen, statt bloßes Wissen zu vermitteln, da für den Lernerfolg die Motivation des Lernenden der zentrale Baustein ist. Auf der Basis von Motivation erfolgt autonomes Lernen individuell, selbstbestimmt und eigenverantwortlich. Um funktionieren zu können, müssen die Beziehung und Begegnung zwischen Schüler und Lehrer auf Augenhöhe stattfinden. Dem Lehrer kommt folglich die Aufgabe zu, eine geeignete Lernumgebung zu schaffen, in der sich der autonom Lernende sich bewegen kann. Somit wird der Lehrer vom Ausbilder zum Vermittler, wodurch sich der Schüler nicht mehr auf den Lehrer als Quelle des Wissens stützt, sondern sich selbstständig in Lernprozesse begibt.

Prinzipien des handlungsorientierten Unterrichts

Ein Blick auf die Geschichte zeigt, dass handlungsorientierter Unterricht bereits erstmalig im Umbruch vom Mittelalter in die Moderne von Johann Amos Comenius (1592-1670), tschechischer Philosoph, Theologe und Pädagoge, gedacht wurde. Auch er forderte eine Erziehung, die im Schwerpunkt die Sinne einbeziehen sollte, um das Lernen durch das Verwenden von Herz und Hand während des Lernens zu erleichtern. Jean Jacques Rousseau (1712-1778), französischer Philosoph, Schriftsteller und Staatstheoretiker, schloss sich in seinem Bildungsideal diesen Überlegungen an. Er forderte eine Bildung, die durch das selbstständige Lösen von Aufgaben hervorgebracht werden sollte, wobei der Lehrer in seiner Rolle eine anregende Lernsituation schaffen sollte. Rousseau betonte ebenso wie Comenius das Lernen mit allen Sinnen. Daraufhin forderte auch Johann Heinrich Pestalozzi (1746-1827), ein Schweizer Pädagoge, eine ganzheitliche Pädagogik. In diesem Zusammenhang äußerte er Kritik an einem ausschließlich verbalen Unterricht, der auf reiner Arbeit des Kopfes beruhte. Er beschreibt das körperliche und selbsttätige und selbstständige Tun als eine praktische Notwendigkeit des Lernprozesses. Auf Johann Heinrich Pestalozzi geht daher das Lernen mit Kopf, Herz und Hand zurück, das auch im Mittelpunkt der Waldorfpädagogik vermittelt wird.

Der handlungsorientierte Unterricht in seiner heutigen Struktur geht dabei auf die **Reformpädagogik** zurück, die für die Abkehr des Frontalunterrichts hin zum Einsatz neuer Lehr- und Lernmethoden plädierte.

Reformpädagogik

Die Reformpädagogik hat sich aus dem kritischen Blick auf die Bildungskultur entwickelt, durch die die Gesellschaft um 1900 geprägt war. Sie bildete sich dabei aus unterschiedlichen pädagogischen Strömungen und Ansätzen. Darauf basierend setzt sie sich aus allen Ideen zusammen, die den Schulunterricht und die Erziehung reformieren sollten. Hierbei wurden autoritäre Konzepte durch liberalere und demokratischer Erziehungskonzepte ersetzt, die weniger leistungsorientiert waren.

Namhaft sind hier Georg Kerchensteiner (1854-1932), deutscher Pädagoge und Begründer der Arbeitsschule, und Hugo Gaudig (1860-1923), deutscher Reformpädagoge. Beide Vertreter der pädagogischen Strömung befürworteten die Verbindung von geistiger Arbeit und Handarbeit im Zuge des Lernprozesses, mit dem Ziel, Schüler zu einem geistig selbstständigen und kritischen Menschen auszubilden.

Im Kontext der Erziehungswissenschaft und Pädagogik wird mit dem Begriff des handlungsorientierten Unterrichts ein Konzept von Unterricht beschrieben, das Schüler dabei begleiten soll, sich einen handelnden Umgang mit Lerninhalten anzueignen. Dabei sollen die Lernenden in ihrer Aktivität in die ganzheitliche Bewältigung der Aufgabe einbezogen werden. Auf diese Weise sollen Schüler sich eine Handlungsfähigkeit aneignen, die sie zu einem kritischen, reflektierten, selbstständigen und verantwortungsbewussten Menschen innerhalb des Denkens und Handelns ausbildet. Daneben soll durch das Training der sozialen Kompetenzen durch die Auseinandersetzung mit sich und anderen die soziale Handlungskompetenz gefördert und ausgebaut werden. Die soziale Handlungskompetenz umfasst dabei Kompetenzen wie Teamfähigkeit, Kommunikation, Flexibilität sowie die Selbstorganisation während des Lernprozesses in der Gruppe.

Damit handlungsorientierter Unterricht stattfinden kann, müssen folgende Kriterien erfüllt sein:

- Für das Lernen benötigen die Lernenden einen lernangemessenen Handlungsraum. Hier soll ihnen das Erproben von Übungs- und Fehlhandlungen ermöglicht werden, ohne dass mit weitreichenderen Konsequenzen zu rechnen ist. Bei der Erprobung soll den Lernenden genügend Zeit zur Verfügung gestellt werden.
- Innerhalb des Lernraums sollen die gemachten Erfahrungen in eine Krisensituation verwickelt werden, damit sie ihre Weltanschauung im Rahmen des

Lernprozesses durch die Bewältigung der Krise erweitern können. Während des Aneignungsprozesses sollen die Schüler dabei durch den Lehrer in Form der Darbietung relevanter Fragestellungen, die den Sachverhalt befördern und zu einer Handlungsorientierung führen, angereichert werden.

• Um den Schüler zu der Lösung seines Problems zu befähigen, soll problemlösungsadäquates Wissen dargeboten werden. Somit soll der Lernende während des handlungsorientierten Lernens erfahren, dass er Wissen benötigt, um Lösungen für akute Problemstellungen zu entwickeln.

Bei der Umsetzung des handlungsorientierten Unterrichts wird auf Elemente aus verwandten Konzepten, wie beispielsweise dem offenen Unterricht, zurückgegriffen.

In der Umsetzung ist handlungsorientierter Unterricht

- ganzheitlich,
- selbstverantwortlich,
- kooperativ,
- prozess- und projektorientiert,
- produktorientiert und
- an der Zielgruppe orientiert.

Ganzheitlich

Mit der Ganzheitlichkeit wird innerhalb des Unterrichtskonzepts umschrieben, dass das Lernen mit allen Sinnen (kognitiv, sozial und emotional) und durch die aktive Umsetzung von Handlungsaufgaben erfolgt. Innerhalb des Lernprozesses werden grundsätzlich auch außerschulische Lernorte einbezogen, um für die Lernenden einen möglichst großen Erfahrungsraum zur Verfügung zu stellen. Der Unterricht erfolgt fächerübergreifend und vernetzt dabei unterschiedliche Lernkontexte miteinander. Hierbei werden das Tun und Denken miteinander verknüpft. Auf diese Weise werden Theorie und Praxis vom Schüler ganzheitlich erfahren.

Selbstverantwortlich

Im Kontext des handlungsorientierten Unterrichts beschreibt die Selbstverantwortung das Herausbilden von methodischen Kompetenzen. Dies wird durch die eigenverantwortliche Aneignung innerhalb des Lernprozesses erreicht. Dabei ist es die Aufgabe der Lehrperson, dass der handlungsorientierte Unterricht zielgerichtet ist, weshalb er für die strukturelle Ausgestaltung des Lernprozesses verantwortlich ist.

Kooperativ

Unter dem Aspekt der Kooperation wird die Zusammenarbeit der Lernenden zusammengefasst. Hierbei geht es um Prozesse der Interaktion und des Austausches über das Projekt. Austausch kann dabei sowohl als Partnerarbeit als auch als Kleingruppenarbeit oder im Rahmen des Klassengesprächs stattfinden. Die Verantwortung für die Bewältigung der Aufgabe soll dabei gemeinsam getragen werden. Die Lernenden trainieren damit die gegenseitige Rücksichtnahme im direkten Austausch und verbessern ihre Kommunikationsfähigkeiten. Sie lernen, Konflikte zu lösen und kooperativ zu handeln. Im Rahmen von entstehenden Konflikten kann so beispielsweise die Problemlöse- und Konfliktfähigkeit ausgebaut und verbessert werden.

Prozess- und projektorientiert

Prozess- und Projektorientierung erfahren die Lernenden durch das gemeinsame Handeln, das im Mittelpunkt des handlungsorientierten Unterrichts steht. Durch das gemeinsame Planen, Diskutieren, Durchführen, Strukturieren, Präsentieren, Bewerten und Evaluieren erproben sich die Lernenden im Aufbau eines Handlungsprodukts und lernen, ihren Prozess des Tuns zu reflektieren, um darauf Verbesserungen für weitere Projekte abzuleiten.

Produktorientiert

Bei der Ausgestaltung verfolgt der handlungsorientierte Unterricht das Ziel, am Ende des selbsttätigen und selbstständigen Schaffens ein konkretes Produkt zu erzeugen. Produkte fassen innerhalb des Lernfortschritts das erworbene Wissen zusammen und geben es wieder. Beispielhaft kann ein Produkt eine Fotoserie, ein Theaterstück, eine Ausstellung oder Ähnliches zu einem bestimmten bearbeiteten Thema sein. Das Vortragen der Ergebnisse schafft in diesem Prozess die Verbindung von Denken und Tun, die für die Beförderung des Lernfortschritts notwendig ist.

Zielgruppenorientiert

Während des handlungsorientierten Unterrichts sorgt die Orientierung an den Interessen und der Lebenswelt der Beteiligten sowie der Situationsbezug dafür, dass bei den Lernenden eine größtmögliche Motivation für die Umsetzung der Aufgabe vorliegt. Die Aufgaben sollen so gestaltet sein, dass sie

Probleme aus dem Leben widerspiegeln. Die isolierte Vermittlung von Fachinhalten ist nicht gewünscht und erscheint im Kontext des handlungsorientierten Unterrichts als nicht zielführend. Die Einbettung konkreter lebensweltbezogener Inhalte schafft einen Erprobungsraum, in dem sich die Lernenden der Bedeutung des Lernens für alltägliche Zusammenhänge bewusst werden können.

Soll der handlungsorientierte Unterricht in der Praxis angewandt werden, findet eine Abwendung von lehrerzentrierten Lernformen hin zu direkten Formen der Aktion und Interaktion des Schülers mit sich und der Umwelt statt.

Setzen Sie den handlungsorientierten Unterricht in der Praxis um, können Sie sich dabei an den folgenden Methoden bedienen:

- **Freiarbeit**: Die Freiarbeit benötigt für ihre Funktionsfähigkeit eine gute Struktur durch das Lehrpersonal. Zu Beginn wird die Tätigkeit geplant und die zur Verfügung stehenden Inhalte und Ziele der Lerneinheit werden besprochen. Im nächsten Schritt bereiten Schüler und Lehrer gemeinsam die Lernsituation durch die Bereitstellung der entsprechenden Materialien sowie die Einrichtung der Arbeitsplätze vor, bevor sich die Schüler dann eigenständig mit dem Thema und den Problemzusammenhängen auseinandersetzen. Hierauf folgt die Präsentation der Ergebnisse, die durch eine abschließende Evaluationsphase abgeschlossen wird.
- **Stationenlernen:** Im Kontext des Stationenlernens werden verschiedene Sequenzen des Unterrichts in getrennt bearbeitbare Sinneinheiten gegliedert, sodass eine Binnendifferenzierung im Sinne der Inklusion möglich ist.
- **Projektmethode:** Bei der Projektmethode erhalten Schüler die Möglichkeit, ihr Wissen fächerübergreifend auf andere Sachzusammenhänge anzuwenden und sich in ihrem Umgang damit zu schulen.
- **Lehren durch Lernen**: Diese Methode soll, zweiphasig unterteilt, zunächst einen Sachverhalt inhaltlich bearbeiten. Im Anschluss wird das Wissen durch den Vortrag der Ergebnisse vor der Klasse oder der jeweiligen Lerngruppe vertieft.

Ein idealtypischer Verlauf einer Unterrichtseinheit kann dabei wie folgt ablaufen:

1. Identifikation einer Problemstellung
2. genaue Definition der unterschiedlichen Handlungspunkte
3. konkrete Terminierung für das Vorgehen während der Problemlösung
4. Zuteilung der Schüler in Arbeitsgruppen, Verteilung der Arbeitsaufgaben
5. selbstständige Erarbeitung der Lösungsansätze durch den Schüler anhand des bereitgestellten Materials
6. Präsentation der Arbeitsergebnisse
7. Rückmeldung und Evaluation der vorgetragenen Arbeitsergebnisse durch Lehrer und Schüler

Dadurch, dass die Planung des handlungsorientierten Unterrichts in der Kooperation von Schülern und Lehrern erfolgt, haben die Beteiligten die Möglichkeit, den Prozess gemeinsam zu strukturieren und aktiv auf den Lernzusammenhang einzuwirken. Der handlungsorientierte Unterricht trägt gleichwohl dazu bei, dass traditionelle Lernorte entschult werden. Die Veränderung des Lernzusammenhangs führt folglich zu einer stark ausgeprägten Motivation bei den Lernenden, die die Sinnhaftigkeit des Lernens durch Praxisbezüge besser erkennen können. Sofern der handlungsorientierte Unterricht umgesetzt wird, fördert er das aktive und selbstbestimmte Handeln der Kinder und weckt die innere Neugier und Motivation.

Inklusion: Unterricht und Bildung für alle!

Bildungs- und Lernkontexte vereinen Menschen mit unterschiedlichen Hintergründen, Wertvorstellungen und Bedürfnissen an einem gemeinsamen Ort. Durch den kulturellen, sozialen und gesellschaftlichen Austausch kann das soziale Miteinander beeinflusst werden. Wird von Inklusion gesprochen, meint dies eine Gleichberechtigungsbewegung, die sich auf den amerikanischen Raum zurückführen lässt. In europäischen Zusammenhängen wird der Begriff auf Personen mit Beeinträchtigungen fokussiert und innerhalb der Pädagogik verortet. Der Gedanke der Inklusion bezieht sich im Hinblick auf die Pädagogik darauf, dass alle Menschen gleichberechtigt an gesellschaftlichen Prozessen, wie beispielsweise Bildung, teilhaben sollen, ohne dass äußere Faktoren für eine Bildungsungerechtigkeit oder Ausgrenzung sorgen.

Das Ziel inklusiver Bildungszusammenhänge stellt das gemeinsame Lernen dar. Ein gemeinsames Lernen beabsichtigt innerhalb inklusiver Institutionen die Verbesserung der Chancengleichheit hinsichtlich einer Bildungsgerechtigkeit sowie gesellschaftlicher Teilhabe. Als Bildung wird darunter nicht ausschließlich die Vermittlung und Aneignung von Wissen, sondern auch das soziale Lernen verstanden. Dieses trägt dazu bei, dass die Entwicklung der Persönlichkeit befördert und weiterentwickelt wird.

Wenngleich Inklusion eine gesamtgesellschaftliche Vision ist, hat sie bisher nur wenig Zugang zu Bildungsinstitutionen gefunden, da sich die Umsetzung als große Herausforderung gestaltet. Die Absicht, allen Menschen die gleichen Chancen für Bildung bereitzustellen, stellt sich im Kontext eines überholten Bildungssystems eher als schwierig dar. Obwohl der Artikel 24 der UN-Behinderten-rechtskonvention Prinzipien der Teilhabe und Selbstbestimmung und Inklusion im Bereich von Schule definiert, gestaltet sich die Umsetzung bisher eher schwierig. Schulische Inklusion beabsichtigt im Sinne des Artikels 24, dass jedes Kind, unabhängig von seinem Förderbedürfnis, nicht von einem allgemeinen Schulbesuch ausgeschlossen werden sollte. In ihrer Absicht vertritt schulische Inklusion dabei den Standpunkt, dass alle Kinder unabhängig von ihren Begabungen, Fähigkeiten, Beeinträchtigungen oder ihrer sozialen Herkunft voneinander lernen können.

Infolge gesellschaftlicher Veränderungen hat das Thema Inklusion auch Eingang in die Waldorfpädagogik erlangt. Bei einer Betrachtung der Waldorfpädagogik unter der Intension des Gründers Rudolf Steiner war es die Absicht der Waldorfpädagogik, ein Konzept zum Lernen für alle Kinder zu erschaffen. Folglich wurde Inklusion an dieser Stelle bereits gedacht, ohne sie direkt anzusprechen. Im Verlauf der vergangenen Jahre haben sich im Zuge dessen erste waldorfpädagogische Institutionen herausgebildet, die ein inklusives Schulkonzept vertreten. Zudem wurde im Jahr 2010 ein Gremium implementiert, dass sich mit den Belangen der Inklusion im Rahmen der Waldorfpädagogik beschäftigt. Daneben werden Waldorflehrer verstärkt im Umgang mit Inklusion geschult, um den Herausforderungen gegenübertreten zu können.

Für Lernende sind inklusive Bildungseinrichtungen ein Gewinn. Bereits im frühen Alter können auf diese Weise Toleranz und Respekt hinsichtlich gesellschaftlicher Diversität trainiert werden. Das gemeinsame Lernen voneinander und aneinander räumt Vorurteile aus und wirkt Ausgrenzungen entgegen. Nebstdem ist Inklusion im schulischen Kontext mehr als nur eine Vision. Durch die Verankerung in der UN-Konvention wird sie zu einem Recht, das Bildungsgerechtigkeit fördern und Ausgrenzung durch Faktoren wie soziale Herkunft vermindern soll.

Auf einen Blick:

Die handlungsorientierte Bildung

Der Schwerpunkt der handlungsorientierten Bildung (und auch Methoden) liegt in der Gestaltung des Lernprozesses selbst. Im Sinne eines handlungsorientierten Ansatzes müssen Schüler innerhalb des Lernprozesses aktiv werden und in Bewältigung vollständiger Handlungen eingebunden werden, um ihre Handlungsfähigkeit auszubilden.

Die Handlungsfähigkeit zeichnet sich dabei durch die Befähigung zu einem kritischen, reflektierten, selbstständigen und verantwortungsbewussten Denken sowie Handeln aus. Daneben befördert sie die Teamfähigkeit, Kommunikation, Flexibilität und Mobilität, die für die Umsetzung des selbstgesteuerten Lernens benötigt werden.

Somit regt handlungsorientierte Bildung den Lernenden dazu an, aktiv, zielorientiert und fokussiert Lerninhalte zu bearbeiten. Dabei wird das bereits vorhandene Wissen im Rahmen des Lernprozesses mit dem neu erworbenen Wissen sinnvoll verknüpft.

Bei der Ausgestaltung der handlungsorientierten Bildung müssen sowohl die Ganzheitlichkeit, die Zielgruppenorientierung als auch die Aktivität der Lernenden sowie die Reflexion von der Lehrkraft im Blick gehalten werden.

Was wir als Lernbegleiter brauchen

Vor dem Hintergrund der Inklusion stellt die Rolle der Lernbegleitung für Lehrer und Erzieher sowie betreuende pädagogische Institutionen hohe Anforderungen an die persönlichen Kompetenzen. Der Begriff der Lernbegleitung umschreibt dabei die Begleitung von Lernenden während der Gestaltung von Lehr- und Lernzusammenhängen im Rahmen von Bildungsangeboten. Sie verfolgt das Ziel, den Erwerb von Kompetenzen zu fördern und auf diese Weise den Erfolg des Lernprozesses zu sichern. Angesichts dessen übernimmt sie auf der fachlichen Ebene den Erwerb von Wissen, wenngleich sie auf organisatorischer Ebene für die Selbstorganisation innerhalb des Lernprozesses sorgt. Die Unterstützung auf diesen Ebenen gestaltet sich dabei durch die Lernbegleitung wie folgt:

Organisatorische Lernbegleitung:
Die Lernbegleitung auf organisatorischer Ebene unterstützt im Rahmen von selbstgesteuerten Lernprozessen die Selbstorganisation des Lernens durch bestimmte Lernhilfen.

Sie sorgt für die Generierung von passgenauen Lernplänen, die den Verlauf des Lernprozess unterstützen und erleichtern. Zudem stellt sie Medien und Werkzeuge bereit, die bei der Organisation des Lernprozesses für den Lernenden hilfreich sind.

Darüber hinaus leitet die Lernbegleitung dazu an, Lernprozesse zu reflektieren, Lernstrategien zu überprüfen und bei der Bereitstellung von Problemlösestrategien zu unterstützen, um auf diese Weise die Lernmotivation zu unterstützen.

Fachliche Lernbegleitung:
Die Lernbegleitung auf fachlicher Ebene unterstützt das Verstehen, Abrufen, Erhalten sowie die Anwendung von Wissen.

Sie regt den Wissenszuwachs an und dokumentiert diesen. Für die Bereitstellung von Lernressourcen stellt die Lernbegleitung Kontroll- und Reflexionsaufgaben bereit, anhand derer das Erlernte überprüft werden kann.

Durch den Austausch und die Diskussion mit dem Lernenden regt sie diesen zur Umsetzung des kooperativen Lernens an, welches von ihr begleitet wird.

Um diese Lernbegleitung sowohl fachlich als auch organisatorisch umzusetzen, benötigt die ausführende Person eine Reihe von Kompetenzen, die ihr diese Aufgabe erleichtern. Hierzu zählen:

- Selbstreflexionskompetenz
- Dialogfähigkeit
- mehrperspektivische Betrachtungsweise
- Empathie
- Wertschätzung
- Authentizität sowie
- Kommunikationskompetenz.

Diesen Kompetenzen zufolge stellt der Ausgangspunkt der Lernbegleitung die Förderung der individuellen Entwicklung des Einzelnen im Rahmen von Lernprozessen dar. Unterdessen sollen Lernende im Aufbau ihrer Selbstkompetenz unterstützt werden, um auf diese Weise Handlungsfähigkeit zu erlangen. Zwischen Lehrer und Lernbegleiter erfolgt daher im Sinne des klassischen Rollenverständnisses eine klare Abgrenzung. Es geht weniger um die Wissensvermittlung als vielmehr um die Frage, wie Lernende dabei unterstützt werden können, autonom und selbstgesteuert zu lernen.

Somit kommt dem Lernbegleiter die Aufgabe zu, die individuellen Lernbedarfe und das Lernverhalten festzustellen und Lernwege bereitzustellen, die zu den Kompetenzen des Lernenden passen. Während der Lernende die gestellten Aufgaben bearbeitet, übernimmt der Lernbegleiter die Aufgabe, ihn zu beobachten und während der Aneignung von Wissen zu begleiten. Lernhindernisse sollten wahrgenommen und den Lernenden zum Weiterlernen motivieren. In diesem Kontext kommt ihnen zudem die Aufgabe zu, Lernarrangements so zu gestalten, dass sie dem Lernenden einen größtmöglichen Erfahrungsraum bieten. Hierzu müssen Lernbegleiter unterschiedliche Lernformen kennen und diese gestalten können.

Als methodische Beispiele für unterschiedliche Lernformen können die folgenden Vorgehen angeführt werden:

- entdeckendes Lernen,
- Erkundungsaufgaben,
- Projektlernen,
- Lernen durch Lehren oder
- Action Learning.

Tipps, die sie für eine gelingende Lernbegleitung berücksichtigen sollten, sind dabei:

- Die Lernumgebung sollte von Lernbegleitern so gestaltet werden, dass selbstständiges und forschendes Lernen möglich ist.

- Innerhalb der Lernumgebung sollte der Lernbegleiter die Kinder dabei unterstützen, eigene Zugänge und Fragen für einen Sachverhalt zu finden.

- Die Unterstützung sollte während des Lernens in der Lernumgebung durch den Lernbegleiter individuell und auf die Kompetenzen ausgerichtet sein.

- Lernbegleiter beobachten die Lernenden im Rahmen des Lernprozesses und unterstützen durch eine konstruktive und wertschätzende Feedbackkultur.

- Anweisungen sind nur dann gewünscht, sofern das Kind aktiv um Unterstützung bietet. Das soll das selbstbestimmte Lernen des Kindes befördern.

- Daneben sollten Lernbegleiter ihr eigenes Handeln dokumentieren, hinterfragen und anpassen. Durch den Austausch mit anderen Lernbegleitern können Erfahrungen geteilt werden und Lerneinheiten sowohl vor- als auch nachbereitet werden.

Im Verlauf des gesamten Lernprozesses liegt das Augenmerk des Lernbegleiters weniger auf der inhaltlichen Gestaltung als vielmehr auf dem Lernprozess des Einzelnen. Soll die Lernbegleitung innerhalb ihres Verlaufs in unterschiedliche Phasen gegliedert werden, kann wie folgt vorgegangen werden:

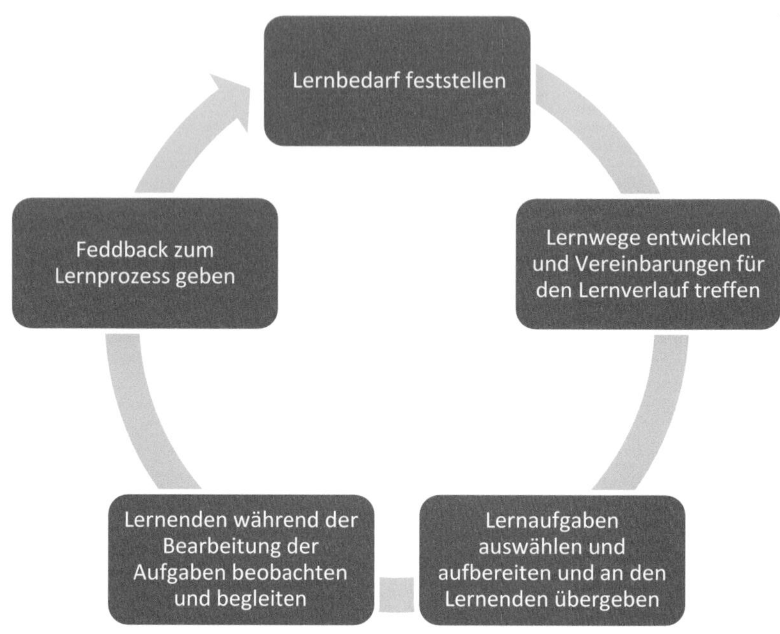

Eine gute Lernbegleitung bemüht sich im Kontext von Lernprozessen, an den Stärken des Lernenden anzusetzen. Sie orientiert sich daher weg von Defiziten. Eine mögliche Übung, um sich mit der eigenen Rolle des Lernbegleiters besser auseinanderzusetzen, stellt das Führen eines Lerntagebuchs dar. Hierbei wird anhand von bestimmten Frageimpulsen das eigene Verhalten und Handeln überprüft, sodass es stetig verbessert und angepasst werden kann.

Für das Lerntagebuch sollte ein Buch gewählt werden, in das Sie gerne schreiben und das Sie optisch ansprechend finden. Für das Befüllen des Tagebuchs sollte ein ruhiger Moment abgewartet werden, in dem Sie sich ungestört Zeit nehmen, um sich in Selbstreflexion zu üben. Während des Ausfüllens sollten Sie darauf achten, dass Sie die einzelnen Impulse im unterbrochenen Fluss, also assoziativ, verschriftlichen. Aspekte wie Rechtschreibung oder stilistische Formulierungen können Sie hierbei eher außer Acht lassen. Bevor Sie mit dem Schreiben beginnen, sollten Sie sich einen breiten Rand lassen, den Sie mit Notizen versehen oder anhand von Zwischenüberschriften strukturieren können.

Die konkrete Ausgestaltung der Seite eines Lerntagebuchs kann dabei wie folgt aussehen:

Lerntagebuch	
Notizen und Anmerkungen:	**Ausgeführte Handlungen:** Kernfrage: - Was habe ich heute mit dem Lernenden umgesetzt?
	Selbstbeobachtung: Kernfragen: - War ich mit der Lerneinheit zufrieden? - Wie habe ich mich während der Lerneinheit gefühlt? - Wie habe ich auf den Schüler reagiert?
	Besondere Merkmale der Lerneinheit: Kernfragen: - Welche Methoden haben gut funktioniert? - Welche Methoden müssen überarbeitet werden? - Wie bin ich damit umgegangen? - Gab es passende Alternativen? - Welche Methoden müssen weiter vertieft werden? - Wo sind Krisen entstanden? Warum?

Soll der Lernbegleiter mit Kindern lernen, spielt zudem die innere Haltung eine entscheidende Rolle für den Verlauf des Lernens. Hierbei sollte sich der Lernbegleiter spezifische Fragen stellen, die seine eigene Haltung überprüfen:

- Wie stehe ich zur Schulform?
- Wie sinnvoll erscheinen die vermittelten Inhalte?
- Wie groß ist die Motivation, dem Lernenden zu helfen?

Nur wenn die eigene Haltung des Lernbegleiters positiv ist, kann auch das Kind Lernen als etwas Positives erfassen. Etwaige unterbewusste Widerstände in der eigenen Person werden sich innerhalb des Lernprozesses auf das Kind übertragen und diese Haltung entsprechend spiegeln.

Eine einfache Reflexionsübung kann hierbei helfen:

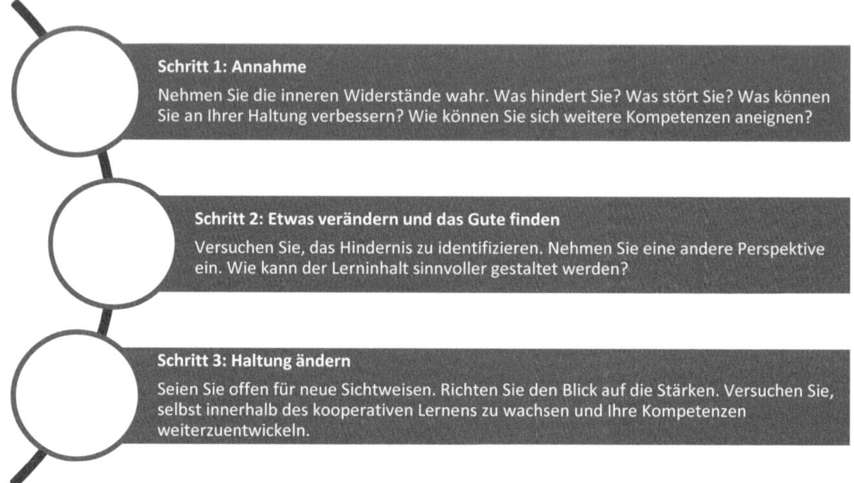

Lernbegleiter stehen vor dem Hintergrund gesellschaftlicher Anforderungen damit vor einer komplexen Gestaltungsaufgabe. Im Rahmen des Lernprozesses hilft er dem Lernenden, das Lernen zu strukturieren, und achtet den Lernenden als souveränen Fachmann innerhalb des Prozesses des Lernens. Die Bedürfnisse, die sich auf praktischer und theoretischer Ebene daraus für den Lernbegleiter ergeben, sind dabei vielfältig.

Theoretische Anforderungen an einen Lernbegleiter:
Damit Kinder lernen können, muss der Lernbegleiter das Lernen verstehen sowie Lernformen und Lernmethoden beherrschen. Um diese an die Lernenden weiterzugeben, sollte ein guter Lernbegleiter verschiedene Lerntypen kennen und Arbeitsmaterialien entsprechend auf den jeweiligen Lerntyp anpassen können. Außerdem sollte er in der Lage sein, selbstgesteuertes und entdeckendes Lernen befördern zu können.

Praktische Anforderungen an einen Lernbegleiter:
Im Rahmen des Lernprozesses soll der Lernbegleiter den Lernbedarf wahrnehmen und ihn analysieren. Seine Aufgabe ist dabei die Gestaltung der Lernräume sowie das Erkennen von Lernklippen, bei denen der Lernende Hilfestellung benötigt. Darüber hinaus sollte er Fragetechniken beherrschen, zuhören sowie mit Gefühlen und Verhaltensweisen umgehen können. Zudem sollte ein guter Lernbegleiter coachen und Lerngruppen moderieren können.

Die Rolle der Lehrkraft steht damit vor dem Hintergrund gesellschaftlicher Veränderungen vor einem Paradigmenwechsel. Digitale Transformationen erfordern ein zukunftsgerichtetes Bildungssystem, das ohne den Ausbruch aus veralteten Strukturen nicht befördert werden kann. Damit Lernende bestmöglich und gleichberechtigt für das Berufsleben vorbereitet werden, muss der Lernbegleiter dafür sorgen, dass sich Handlungskompetenzen ausbilden, die für die Teilnahme und Teilhabe am gesellschaftlichen Miteinander befähigen. Damit dies gelingt, ist ein Abrücken von frontalen Unterrichtszusammenhängen hin zu einer systemisch und reflektierten Begleitung von Lernenden ein unabdingbarer Bestandteil.

Didaktisches Handwerk: Wie kann ein gemeinsamer Unterricht verwirklicht werden?

Damit gemeinsamer Unterricht im Sinne der Inklusion funktionieren kann, muss ein Umdenken stattfinden. Im Zuge der Inklusion muss davon abgesehen werden, dass alle Schüler ein und denselben Arbeitsauftrag erfüllen. Stattdessen muss für jeden Schüler die passende Aufgabe gefunden werden. Das stellt Lehrkräfte und Erzieher in Institutionen während des Lernens von unterschiedlichen Persönlichkeiten vor eine große Herausforderung. Hierbei stellt sich Pädagogen vor allem die Frage, wie ein gemeinsamer Unterricht gestaltet werden kann, sodass er die nötige Individualisierung enthält und auf alle Bedürfnisse der Schüler eingeht. In der Umsetzung wird diese Frage vor allem bei der Suche nach den passenden Aufgaben vor dem Hintergrund der Voraussetzungen der Schüler knifflig.

Grundsätzlich müssen Lehrkräfte ihren Unterricht vor dem Hintergrund inklusiver Gestaltung stark individualisieren. Dementsprechend wichtig ist die richtige Gestaltung der Lernumgebung. Ausdifferenzierte Lernmöglichkeiten sorgen innerhalb der Lernumgebung dafür, dass auch schwächere Schüler die Möglichkeit erhalten, an Lerninhalten zu partizipieren. Gleichzeitig werden leistungsstärkere Schüler mit entsprechend anspruchsvolleren Aufgaben nach ihren Bedürfnissen und Fähigkeiten gefördert. Dabei sollen Lerninhalte nicht weniger anspruchsvoll formuliert werden, sondern lernschwache Schüler sollen mit den für die Bearbeitung benötigten Hilfestellungen versorgt werden. Für das selbstständige Lernen sind anspruchsvolle Aufgaben ein wesentlicher Bestandteil. Um den Weg zur Lösung zu erleichtern, kann ein Lebensweltbezug hergestellt werden, der verschiedene Lösungsansätze zulässt und Teamarbeit ermöglicht. Damit auch komplexere Aufgaben von schwächeren Schülern gelöst werden können, sollten Lernbegleiter genügend zeitliche Ressourcen für die Bewältigung von Aufgaben zur Verfügung stellen. Daraufhin steigt der Lerneffekt an und das Wissen verfestigt sich und kann auf andere Anwendungsbereiche übertragen werden.

Eine Schulumgebung, die inklusive Prinzipien berücksichtigt, wird den Bedürfnissen aller Schüler gerecht. Die Infrastruktur, Methoden, Lernmaterialien sowie die Lernpolitik werden auf die Lernvoraussetzungen abgestimmt, sodass jeder Schüler sich wohlfühlt und dem Unterricht folgen und seine

Kompetenzen weiter ausbauen kann. Inklusive Unterrichtsmethoden fokussieren sich in ihrem Tun dabei darauf, Schüler ganzheitlich in ihren Stärken und Schwächen sowie den damit verbundenen Förderbedürfnissen anzuerkennen und die Bildungsmaßnahmen daran auszurichten.

Geht es um die Gestaltung der idealen Aufgabe innerhalb eines inklusiven Klassenzimmers, sollte sie für alle Schüler lösbar sein und gleichzeitig Lernfortschritte und Erfolgserlebnisse generieren. Entscheidend ist dafür ein Startimpuls, der für die Stärken von allen Schülern passend ist. Von einem gleichen Startimpuls können dann unterschiedliche Wege eine Lösung für die Aufgabenstellung generieren. Um die Fragen sinnvoll zu differenzieren, lohnt die Berücksichtigung der folgenden Fragestellungen:

- Wie kann der Sachverhalt inhaltlich strukturiert werden?
- Wie kann der Lösungsweg angeleitet werden?
- Können die unterschiedlichen Lösungswege miteinander vernetzt werden?
- Welche Schwierigkeiten können auftreten?
- Welche Arbeitsschritte müssen durchgeführt werden?

Besteht eine Aufgabe aus mehreren Einzelschritten, weist sie damit eine höhere Komplexität auf. Bei lernschwachen Schülern kann der Lösungsweg durch das Aufzeigen von Teilschritten erleichtert und somit die Komplexität verringert werden. Am Beispiel: Während schwächere Schüler die Aufgabe erhalten, Vor- und Nachteile eines Sachverhalts herauszuarbeiten, können stärkere Schüler dazu aufgefordert werden, ein Thema zu erörtern.

Folgt man einer Aufstellung der Kultusministerkonferenz, ergeben sich für die Generierung einer guten Aufgabe sechs zentrale Schlüsselfaktoren:

- Gute Aufgaben leiten Schritt für Schritt an.
- Gute Aufgaben geben Hilfestellungen.
- Der Schwierigkeitsgrad von guten Aufgaben ist angemessen.
- Gute Aufgaben weisen nicht nur einen Lösungsweg auf.
- Gute Aufgaben motivieren und aktivieren den Lernenden.
- Gute Aufgaben erzeugen bei den Lernenden keinen Leistungsdruck oder Angst vor einer späteren Bewertung.

Grundsätzlich empfiehlt sich die Beobachtung der Lernenden während der Bearbeitung der Aufgaben. Das kann dabei helfen, Unterrichtsmaterialien und Pläne zu überarbeiten und auf die Bedürfnisse der Lerner anzupassen.

Daneben können leistungsstärkere Schüler in die Unterstützung von schwächeren Schülern einbezogen werden. Während die Schwächeren von den Stärkeren lernen, können diese ihr Wissen durch die Weitergabe vertiefen.

Als methodische Möglichkeiten bei der Umsetzung bieten sich hierbei beispielhaft die folgenden Lernformen an:

- **Lernpatenschaften:** Als Lernpatenschaft wird das gemeinschaftliche Zusammenarbeiten von Schülern innerhalb eines Projektkontextes verstanden.
- **Expertensysteme:** Im Rahmen des digitalen Lehrens und Lernens beschreibt ein Expertensystem eine Software, die Lösungen zu Problemzusammenhängen aus einem bestimmten Fachgebiet liefert. Während des Lehrens und Lernens kann sie Schüler dabei unterstützen, Antworten auf Fragen zu finden.
- **Lernen durch Lehren:** Unter dem Begriff Lernen durch Lehren wird eine handlungsorientierte Lernmethode verstanden, bei der Schüler durch die gegenseitige Vermittlung von Wissen voneinander lernen.
- **Lerncoaching:** Bei dieser Lernmethode werden die Stärken des Lernenden in den Mittelpunkt des Handelns gestellt. Lernzusammenhänge werden daher ausschließlich an den Stärken anstatt an Defiziten orientiert. Dabei geht die Methode davon aus, dass dem Lernenden alle für die Erledigung der Aufgabe nötigen Kompetenzen und Ressourcen zur Verfügung stehen.

Die gewählte Methode sollte dabei in Abhängigkeit der jeweiligen Klassenzusammensetzung beurteilt werden und auf die Bedürfnisse abgestimmt sein, damit sie wirksam ist. Bei der Umsetzung des inklusiven Unterrichts können verschiedene methodische Bausteine, wie handlungsorientierter Unterricht oder entdeckendes Lernen, verwendet werden. Wird durch das Bildungssystem niemand aufgrund bestimmter Merkmale ausgeschlossen, führt dies auch innerhalb der Gesellschaft zu einem größeren Spielraum hinsichtlich der Teilhabe.

Sollen die Methoden durch weiteres Material während des selbstständigen Lernens unterstützt werden, können sich Lehrkräfte bestimmter Tools bedienen. Zu nennen sind hier:

- Sondertastaturen

- Alternative Mäuse
- spezielle Eingabeprogramme für Beeinträchtigungen der Sinne
- Lernsoftware, die für den Schüler individuell beantragt werden kann
- spezielle, verstellbare Tische und Stühle

Im Rahmen eines inklusiven Unterrichts stehen daher die Schüler und der mit ihnen verknüpfte Bildungserfolg im Zentrum der pädagogischen Arbeit. Das Kind soll nach den individuellen Fähigkeiten und Fertigkeiten gefördert werden. Dabei soll es weder über- noch unterfordert werden. Damit Lehrkräfte dem hohen Maß an Individualität unter den Schülern gerecht werden können, kann eine allgemeingültige, inklusive Didaktik nicht verankert werden. Die Bedarfe der Schüler sind aufgrund ihres unterschiedlichen Leistungs- und Kompetenzstandes unterschiedlich, sodass ein individuelles Vorgehen von der Lehrkraft erforderlich ist. Im Schwerpunkt können jedoch vier Prinzipien ausgemacht werden, an denen sich inklusiver Unterricht orientiert: Bedürfnisorientierung und Heterogenität, Individualisierung, Differenzierung und kooperatives Lernen.

Bedürfnisorientierung und Heterogenität

Die Vergangenheit hat bewiesen, dass Schüler am besten lernen, wenn sie sich in einem sicheren Raum bewegen können, der sich auf ihre Bedürfnisse ausrichtet. Innerhalb des Schulalltags sollte den Bedürfnissen der Lehrenden und Lernenden daher stärker entsprochen werden.

Bedürfnisse

Wenngleich Bedürfnisse in der Alltagssprache ein Verlangen nach etwas beschreiben, so definiert die Psychologie den Begriff als einen Zustand, bei dem ein Mangel erlebt wird, der mit dem Wunsch verknüpft ist, diesen Mangel zu beheben. Bedürfnisse werden in der Psychologie in unterschiedliche Kategorien unterteilt. So existieren zum einen Individualbedürfnisse, wie beispielsweise das Bedürfnis, Nahrung aufzunehmen, und zum anderen verfügt der Mensch über Kollektivbedürfnisse, wie beispielsweise das Bedürfnis nach Sicherheit. Daneben existieren die sogenannten Grundbedürfnisse, wie beispielsweise sauberes Grundwasser, saubere Luft zum Atmen, ein sicherer Platz zum Schlafen, Erholung oder Ruhe. Grundbedürfnisse sind im Vergleich zu anderen Bedürfnissen als vorrangig zu bewerten, da sie als überlebenswichtig eingeordnet werden.

Wird von **Bedürfnisorientierung** im Kontext von Schule und Bildung gesprochen, sollten verschiedene Aspekte Berücksichtigung finden:

- Auch wenn Kinder sich häufig im Klaren darüber sind, worauf sie Lust haben, ist dies nicht gleichbedeutend damit, welche Bedürfnisse sie haben. Damit ihre eigenen Bedürfnisse erkannt werden, benötigen Kinder die Unterstützung von empathischen und authentischen Erwachsenen, die diese Unterscheidung vornehmen und immer zum Wohle des Kindes für sie entscheiden.

- Darüber hinaus sollte Kindern die Möglichkeit geboten werden, sich und die Umwelt zu entdecken und sich in dieser zu entfalten. Dabei sollten sie die Erfahrung machen, dass sie innerhalb der Gemeinschaft, in der sie sich bewegen, anerkannt und respektiert werden.

- Im Rahmen der Bedürfnisorientierung sollte selbige nicht damit gleichgesetzt werden, dass Kinder machen können, wonach ihnen der Sinn steht. Gleichzeitig bedeutet Bedürfnisorientierung in der Schule nicht, dass Lernbegleiter sich den Wünschen der Kinder bedingungslos hingeben sollen. Basierend auf einer bedürfnisorientierten Unterrichtsgestaltung üben sich pädagogische Institutionen in einem verantwortungsvollen Umgang miteinander. Das heißt: Die Bedürfnisse des Einzelnen werden ernst genommen und wenn nötig, werden Reaktionen hierauf abgeleitet.

Bedürfnisorientierung signalisiert dabei eine gewisse Haltung des pädagogischen Personals, statt der Orientierung an einem einrichtungsinternen Konzept. Nebstdem lassen sich Pädagogen auf einen Prozess der Reflexion ein, bei dem sowohl das Kind mit seinen Gefühlen, Grenzen und Bedürfnissen im Mittelpunkt des Vorgehens steht als auch die Fachkräfte selbst.

Entsprechend einer bedürfnisorientierten Pädagogik basieren die Kernannahmen darauf, dass der Sinn des menschlichen Lebens auf der Erfüllung von Bedürfnissen basiert. Auch wenn sich die menschlichen Bedürfnisse von Mensch zu Mensch meist nur wenig unterscheiden, können die Strategien zur Bedürfniserfüllung unterschiedlich sein. Grundsätzlich ist im Rahmen der Bedürfnisorientierung daher die Wahrnehmung des jeweiligen Bedürfnisses wichtiger als die konstante Erfüllung von vorhandenen Bedürfnissen. Die reine Tatsache, dass Lernende bei der Äußerung von Bedürfnissen gesehen und wahrgenommen werden, kann dabei mehr zur Erfüllung des Bedürfnisses beitragen als der eigentliche akute Sachverhalt.

Bei der konkreten Umsetzung der Bedürfnisorientierung kann es bei Schwierigkeiten für die Lehrkraft hilfreich sein, sich durch eine Übung zur Bedürfnisorientierung in das Kind hineinzuversetzen.

Stellen Sie sich eine Situation vor, in der sich Ihr Schüler/das Kind befunden hat. Versetzen Sie sich in seine Lage und fühlen Sie sich in seine Gefühle während eines Konflikts ein. Äußern Sie dann eine Vermutung darüber, welches Bedürfnis dieser Situation zugrunde liegt. Mit diesem Bedürfnis konfrontieren Sie dann das Kind und bitten es um Hilfe: „Kann es sein, dass dir gerade XY fehlt? Berichtige mich, wenn ich falsch liege." Auf diese Weise kommen Sie in die Interaktion mit dem Kind und können ihm durch das aktive Hineinversetzen in seine Situation signalisieren, dass Sie es sehr wohl ernst nehmen. Bevor Sie ihm helfen, signalisieren Sie ihm, dass Sie seine Rückmeldung benötigen, um sicherzustellen, dass Sie mit Ihrer Vermutung richtig liegen.

Diese Bedürfnisorientierung ist innerhalb des Unterrichts auch vor allem deshalb wichtig, da sich Kinder und Jugendliche in ihren Lernvoraussetzungen im Sinne eines inklusiven Unterrichts auf vielfältige Weise unterscheiden können. So können die individuellen Kompetenzen beispielsweise von Faktoren wie

- dem Alter,
- dem Geschlecht,
- der kulturellen oder ethnischen Herkunft,
- dem sozialen Umfeld sowie
- den Interessen, der Motivation und Leistungsfähigkeit

abhängen.

Die Pädagogik spricht bei dieser Vielseitigkeit von **Heterogenität**.

Heterogenität
Heterogenität im pädagogischen Zusammenhang meint dabei jedoch mehr als unterschiedliche Milieus oder Herkunftsländer innerhalb eines Lernzusammenschlusses. Sie umschreibt vielmehr Unterschiede zwischen Lernenden, die aufgrund von Kategorien wie Behinderung, Milieu, Ethnizität oder Geschlecht auftreten. In Deutschland sind diese Kategorisierungen auch Bestandteil von Bildungsungleichheiten.

Wird der Begriff auf schulische Zusammenhänge übertragen, muss er daher auch lern- und leistungsbezogene Unterschiede berücksichtigen. Durch die Bestrebungen, schulische Institutionen zu einem inklusiven Ort zu machen, hat sich die Institution Schule von einer homogenisierenden zu einer heterogenisierenden Einrichtung entwickelt. Auf der Chancengleichheit basierend, öffnet diese vielen Schülern neue Möglichkeiten, an Bildung zu partizipieren. Zudem ergibt sich aus der Reformierung des Unterrichts eine höhere Bildungsgerechtigkeit.

Für Schulen kann Heterogenität daher nicht nur als Herausforderung, sondern vor allem als Chance betrachtet werden, den Umgang mit Vielfalt aktiv zu gestalten. In der Folge führt dies durch die Ausbildung von Werten wie Toleranz und Respekt sowie die Anerkennung von Vielfalt zu einem größeren Zusammenhalt innerhalb der Gesellschaft, der zur Festigung der Demokratie sowie der Zivilgesellschaft beiträgt.

Damit Lehrende der Forderung nach Heterogenität geeignet entsprechen können, bedarf es insgesamt einer Reform des Bildungssystems. Das liegt vor allem daran, dass das bestehende Bildungssystem noch immer selektiv bewertet und für Ausgrenzung sowie eine institutionelle Differenzierung sorgt.

Beispiel:
Um der Heterogenität der Lernenden zu entsprechen, können unterschiedliche Maßnahmen ergriffen werden. Der naheliegendste Ansatz ist dabei die Veränderung der Unterrichtsgestaltung. So könnte beispielsweise ein bisher im Schwerpunkt frontaler Unterricht in eine offene Unterrichtsform überführt werden. Mit dem offenen Unterricht wird dabei eine Unterrichtsform beschrieben, bei der jeder Schüler die freie Wahl des Lernorts, der Lerninhalte sowie der Lernzeit hat. Darüber hinaus kann vom Lernenden entschieden werden, ob die Aufträge in Form von Gruppen- oder Einzelarbeit umgesetzt werden sollen.

Diese Form des Unterrichts soll der Heterogenität des Einzelnen entsprechen und die Unterschiedlichkeiten der Schüler auffangen. Daneben müssen Lehrkräfte für die Umsetzung der Heterogenität in Unterrichtskontexten in ihren Kompetenzen geschult werden. Dabei kommt es darauf an, den Austausch und die Kooperation zwischen Lehrkräften zu erweitern sowie die nötigen Materialien für die Darbietung eines heterogenen Unterrichts zur Verfügung zu stellen.

INDIVIDUALISIERUNG

Damit eine inklusive Unterrichtsgestaltung gelingt, spielt auch der Aspekt der Individualisierung eine bedeutende Rolle. Die Individualität der Schüler muss dabei als Planungsschritt von Lehrenden bei der Differenzierung der Aufgaben berücksichtigt werden. In Anlehnung an die Individualisierung beschreibt ein individualisierter Unterricht Lehr- und Lernszenarien, die der Unterschiedlichkeit der Schülerinnen und Schüler hinsichtlich ihrer Lernvoraussetzungen Rechnung tragen. Praktisch zeichnet sich ein individualisierter Unterricht daher dadurch aus, dass es eine Vielzahl an Lernangeboten, Lösungswegen, Methoden und Lernorten gibt. Diese Form des Unterrichts wird auch als adaptiver Unterricht bezeichnet. Im Rahmen des adaptiven Unterrichts bemühen sich Lehrkräfte um die inhaltliche und methodische Anpassung des Lernstoffs an die Lernenden. Dementsprechend wird das Lernen aktiv gefördert. Dabei trägt die aktive Förderung des Lernens dazu bei, dass jedes Kind entsprechend seiner Voraussetzung gefördert und bei der Aneignung von Wissen unterstützt wird.

> Der Begriff der Adaptivität umschreibt dabei die Abstimmung der Handlungen der Lehrkraft auf die Heterogenität der Schülerschaft.

Adaptivität ist hierbei nicht mit Differenzierung gleichzusetzen. Die Betrachtung der Adaptivität erfolgt hierbei auf zwei Ebenen:

- Mikroebene (auf der individuellen Ebene der Schüler)
- Makroebene (auf der Ebene der Klasse)

Während des individualisierten Unterrichts steht die Lehrkraft dabei in zwei verschiedenen Reaktionsformen zur Verfügung:

- **Die aktive Reaktionsform**: Bei der aktiven Reaktionsform wird auf Makroebene ein binnendifferenzierter, also in homogenen Kleingruppen angelegter Unterricht durchgeführt. Die Lernenden werden innerhalb dieser Gruppe nach ihrer Individualität gefördert. Die Gesamtgruppe der Lernenden bleibt dabei weiterhin heterogen.
- **Die proaktive Reaktionsform**: Bei dieser Reaktionsform der Lehrkraft werden auf Mikroebene individualisierte Angebote an die Lernenden unterbreitet.

Für die Umsetzung eines individualisierten Unterrichts ist es wichtig, dass alle Schüler unabhängig von ihren Lernvoraussetzungen gefördert werden. Die Aufgabe der Lehrenden besteht dabei darin, sowohl Methodik als auch Didaktik auf die Heterogenität der Schüler abzustimmen. Folglich muss der individuelle Lernstand der Schüler Berücksichtigung finden.

Um den Unterricht an die Schüler anzupassen, kommt der Lehrkraft die Kernaufgabe zu, bei der Vorbereitung der Inhalte die Kompetenzen der Lerngruppe im Blick zu behalten. Im pädagogischen Kontext wird diese Fähigkeit als adaptive Lehrkompetenz bezeichnet. Überträgt man die Abläufe auf ein standardisiertes Vorgehen, gestaltet sich die Planung und Umsetzung des Unterrichts konstant gleich:

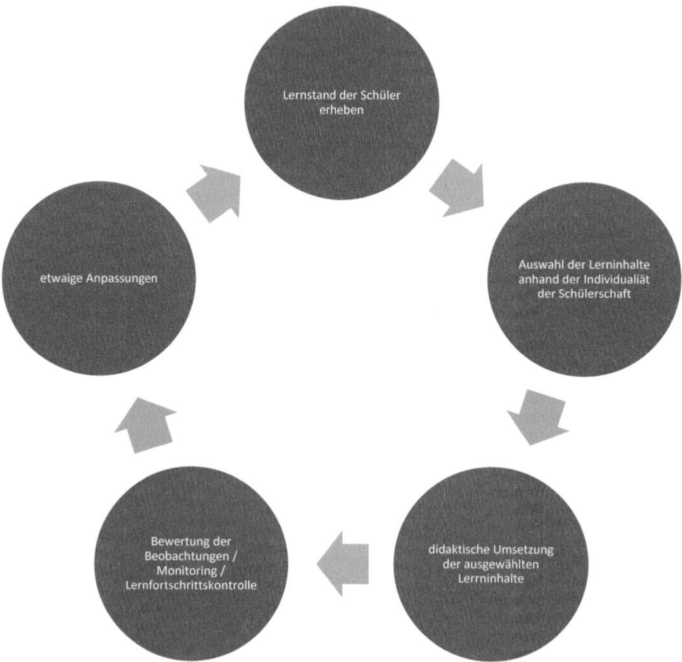

Eine gute Lehrkraft verfügt sowohl über die adaptive Lehrkompetenz als auch über diagnostische Kompetenz, Sachkompetenz, didaktische Kompetenz sowie die Kompetenz, eine Klasse zu führen. Individualisierung kann daher innerhalb des Unterrichtsgeschehens als essenzielles Merkmal für lernwirksamen Unterricht verstanden werden. Individualisierter Unterricht richtet seinen Fokus bei der Ausgestaltung deshalb nicht auf die Frage, ob gelernt wird, sondern auf die Frage, in welcher Weise das Lernen erfolgen soll. Dabei spielt es eine Rolle, ob das Timing sowie die Dosierung des Lernmaterials dem Schüler angemessen sind und ob die Aufgaben herausfordernd sind. Lernen soll sich weg von Defiziten hin zu einer Fehlerfreundlichkeit orientieren und den Lernenden Wertschätzung und Respekt vermitteln sowie sie durch differenzierte Angebote gemäß ihrem kognitiven Kenntnisstand zum Lernen aktivieren und motivieren. Vor diesem Hintergrund kann Individualisierung als ein Ansatz verstanden werden, der zwar aussichtsreich ist, aber mit vielen Voraussetzungen verknüpft ist.

Differenzierung

Im Umgang mit Heterogenität beschreibt der Begriff der Differenzierung die optimale Förderung der Lernenden durch die passgenaue Auswahl der pädagogischen und didaktischen Maßnahmen, bei denen die kommunikative Handlungskompetenz ausgebildet wird. Als strukturelles Mittel kann hierbei vorrangig sowohl der individuelle als auch der kompetenzorientierte Unterricht eingesetzt werden. Er ermöglicht den Lernenden, die gleiche Lernaufgabe unterschiedlich zu bearbeiten. Grundsätzlich sind die Möglichkeiten eines differenzierten Unterrichts jedoch vielfältig.

Beispielhaft können Lehrkräfte dabei auf die folgenden Methoden während der Darbietung von Aufgabenstellungen zurückgreifen:

- Nutzung von unterschiedlichen Arbeitsblättern, Sachbüchern oder des Internets
- Texte auf unterschiedlichen Niveaus anbieten
- Material zu einem bestimmten Thema bearbeiten und zu einer Präsentation zusammenstellen
- Durchführung von Referaten, Interviews oder Präsentationen
- Durchlaufen von eigenständigen Lernprozessen durch beispielsweise Stationslernen, Freiarbeit oder die Umsetzung von Arbeitsplänen
- Erstellung von Lernkarteikarten
- offene Aufgabenstellungen, die eine eigenständige Problemlösung ermöglichen
- gemeinsames Lernen mit anderen Schülern, die in ihrer Rolle als Experten fungieren
- Erarbeitung der Unterrichtsinhalte in Eigenregie durch den Einsatz von Mindmaps, Projekten oder Lernlandkarten
- Einsatz von Gruppen- oder Einzelarbeit
- Durchführung von Experimenten

Bei der Einteilung der Lerngruppen sollte die Lehrkraft dabei dringlichst darauf achten, dass die unterschiedlichen Voraussetzungen der Schüler berücksichtigt werden. Zudem sollten leistungsstärkere Schüler Aufgaben mit einem höheren Schwierigkeitsgrad erhalten. Anhand der jeweiligen Interessen können dann von der Schülerschaft die Lernangebote selbst ausgewählt werden. Für die Formulierung von Lernzielen sollte ein gemeinsames Minimalziel festgelegt werden, das von allen Schülern zu erreichen ist. Zusätzliche Lernziele können dann ausgerichtet an den jeweils verwendeten Methoden formuliert werden.

Die Rolle der Lehrenden umfasst im Rahmen von differenziertem Unterricht die Aufgabe des Moderators, Beraters sowie Dozierenden. Mit den jeweiligen Aufgaben kommen der Lehrkraft damit verschiedene Funktionen zu.

Als Dozent vertritt der Lehrende seine fachliche Autorität, derer sich die Schüler während des Lernprozesses bedienen können. Er plant und strukturiert den Lernprozess und stellt sinnvolle Bezüge zur jeweiligen Lebenswelt her. Darüber hinaus fungiert er als Vermittler bei der Nutzung fachbezogener Materialien und Medien.

Als Moderator kommt dem Lehrenden die Aufgabe zu, Schüler als Lerngestalter zu beraten und zu unterstützen. Er befähigt zum selbstständigen Lernen und schafft innerhalb des Prozesses optimale Lernbedingungen. Außerdem bildet er die Schülerschaft zu handlungskompetenten Menschen, die selbstbewusst und kritikfähig sind.

In der beratenden Funktion übernehmen Lehrende die Aufgabe, den Schüler in seinen Netzwerken zu erfassen. Lehrende kennen die Potenziale des Schülers und befähigen ihn dazu, dieses auszuschöpfen. Sie pflegen den Kontakt zu seinem Umfeld in Form von Eltern oder weiteren Bezugspersonen.

Demzufolge muss Unterricht bei der Berücksichtigung von Differenzierung die folgenden Bereiche einbeziehen:

- Bei der **quantitativen Differenzierung** werden die Arbeitsaufgaben in vertiefende Aufgaben für leistungsstärkere Kinder und in weniger intensive Aufgaben für etwas schwächere Kinder unterteilt. Zudem kann bei der Darbietung von Texten mit Bildern gearbeitet werden, statt einen Volltext zu verwenden.

- Bei der **qualitativen Differenzierung** werden Arbeitsaufgaben nach dem jeweiligen Schwierigkeitsgrad unterschieden. Bei der Erstellung von Dialogen kann hier beispielsweise mit einem Dialog nach Vorgabe sowie mit der Erstellung eines eigenen Dialogs gearbeitet werden.

- Bei der **Differenzierung nach Unterrichtsformen** sollen Schüler Arbeitsmittel selbstständig auswählen können. Auf diese Weise soll ihnen die Möglichkeit geboten werden, die Wahl der Arbeitsweise an den eigenen Vorlieben auszurichten.

- Die **Differenzierung nach Sozialformen** sieht die eigenständige Wahl von Gruppenpartnern sowie das gegenseitige Helfen vor. Im Bereich des Religionsunterrichts können so beispielsweise muslimische Kinder als Experten um Rat gefragt werden, während das Thema von der Klasse bearbeitet wird.

- Bei der **Differenzierung nach den Arbeitsmitteln** sollen unterschiedliche Kanäle angeboten werden, anhand derer Informationen dargeboten werden. Die Darbietung von Informationen kann beispielsweise in Form von Bildern, Texten oder anderen Medien erfolgen.

- Die **Differenzierung nach Produkten** beschreibt die Wichtigkeit, die individuellen Leistungen, die sich aus der jeweils gewählten Methode und Arbeitsform des Schülers ergeben, wertzuschätzen und anzuerkennen, um den Lernfortschritt voranzubringen.

In Anlehnung an die unterschiedlichen Bereiche der Differenzierung kann diese in zwei Formen in der Praxis erfolgen.

- Mit dem Begriff der **äußeren Differenzierung** wird eine Maßnahme beschrieben, bei der Schüler trotz einer Ausrichtung an der Heterogenität in homogene Lerngruppen ausdifferenziert werden.

- Unter dem Begriff der **inneren Differenzierung** wird eine Binnendifferenzierung innerhalb einer Lerngruppe beschrieben. Der Unterricht orientiert sich dennoch an den Faktoren der Heterogenität.

Durch die Ausgestaltung der Differenzierung in ihren unterschiedlichen Formen soll den Lernmöglichkeiten der Schüler entsprochen werden.

Kooperatives Lernen

Wollen Lehrkräfte Schüler trotz ihrer Heterogenität im Unterricht zu einer Zusammenarbeit bewegen und dabei gleichzeitig das soziale Miteinander fördern, kann es hilfreich sein, den Ansätzen des kooperativen Lernens zu folgen. Während des kooperativen Lernens werden Schüler mit Aufgaben konfrontiert, die nur in gemeinsamer Abstimmung bearbeitet werden können. Die Gruppengröße spielt dabei keine Rolle und kann sowohl zwei als auch mehr Personen umfassen. Im wechselseitigen Austausch miteinander erwerben die Lernenden Kenntnisse und Fähigkeiten und bewegen sich gleichberechtigt innerhalb des Lernprozesses. Innerhalb von heterogenen

Lerngruppen ermöglicht das kooperative Lernen ein strukturelles Vorgehen, das es Lernenden auf unterschiedlichem Wissensstand ermöglicht, gemeinsame Ziele zu erreichen sowie die individuellen Lernziele umzusetzen. Dabei ist das kooperative Lernen keine Methode, sondern vielmehr eine Unterrichtsstruktur, die für den Lernprozess nutzbar gemacht werden kann. Diese Struktur kennzeichnet sich dadurch, dass Lernenden zugetraut wird, dass sie ihre Lernprozesse selbstständig gestalten können, sofern die Lehrkraft die Gestaltung des Lernprozesses unterstützt. Als Grundlagen des kooperativen Lernens können dabei folgende Faktoren festgehalten werden:

- eine zielführende Gruppenzusammensetzung
- eine Aufgabenstellung, die sich nur in der Interaktion der Gruppenmitglieder lösen lässt
- eine strukturelle Vorgabe zum Vorgehen
- die Interaktion in der Gruppe
- das Einüben von Kommunikationsstrukturen während der Bewältigung der Aufgabe
- individuelle Verantwortlichkeiten für Schüler innerhalb der Gruppe
- eine gemeinsame Reflexion der Arbeitsaufgabe

Durch die Kooperation im Verlauf des Lernens können Schüler einander besser kennenlernen und sich im Dialog mit anderen üben. Die Lernziele der einzelnen Gruppenmitglieder sind in Abhängigkeit von anderen Gruppenmitgliedern zu betrachten und können nur durch eine Zusammenarbeit herausgearbeitet werden. Die Lernumgebung ist dabei so gestaltet, dass sie in drei aufeinanderfolgenden Schritten erfolgt:

Think – Pair – Share.

Think – Pair – Share umschreibt innerhalb des kooperativen Lernens eine Grundstruktur, innerhalb welcher die Umsetzung ablaufen soll. In einem ersten Schritt, Think, sollen Schüler zunächst allein an der Lösung der Aufgabenstellung arbeiten. Hierzu lesen sie beispielsweise Texte, überprüfen das Verständnis der Aufgabenstellung, formulieren erste Notizen zu möglichen Lösungsansätzen, sammeln Informationen in ergänzenden Literaturmaterialien und versuchen, Bezüge herzustellen. Danach erfolgt unter dem Aspekt Pair das Teilen und Vertiefen der gesammelten Ergebnisse und Überlegungen mit der Gruppe. Im letzten Schritt, Share, werden dann die Ergebnisse zusammengetragen und die Arbeitsergebnisse im Klassenverband vorgetragen.

Hierbei können die eigenen Ergebnisse, mit denen der anderen Gruppen verglichen, vertieft und gegebenenfalls angepasst werden.

Bei der Umsetzung dieser Lernform bieten sich für Lehrende unterschiedliche Methoden beispielhaft an.

- In Form eines **Gruppenpuzzles (auch Jigsaw)** kann das kooperative Lernen in zeitlich begrenzten Phasen umgesetzt werden. Während der Umsetzung können Schüler im Wechsel Expertengruppen und Stammgruppen bilden, innerhalb derer das benötigte Wissen erarbeitet wird.
- Bei einem **Lerntempoduett** können sich Schüler an ihren unterschiedlichen Lerngeschwindigkeiten orientieren, um eine Aufgabe zu bewältigen.
- In Form des **reziproken Lesens** können gemeinsam Texte erschlossen werden. Die Arbeitsaufgaben können dabei so geteilt werden, dass jedes Gruppenmitglied unterschiedliche Bereiche verantwortet.
- Im Rahmen der Methode **Paare und Vierecke** können Schüler als festes Team an einer Aufgabe und deren Lösung arbeiten. Im Rahmen einer Diskussionsrunde werden die Paare einem weiteren Paar zugeordnet, um in einer Vierer-Konstellation die Ergebnisse diskutieren zu können.

Die Strukturen des heterogenen Lernens finden vorrangig Anwendung im Kontext von inklusiven Lernzusammenhängen. Das liegt nicht zuletzt daran, dass das kooperative Lernen die Vielfalt der Heterogenität einer Lerngruppe berücksichtigen und die individuelle Entwicklung befördern kann. Zudem fördert kooperatives Lernen die Verknüpfung von fachlichen und sozialen Lernprozessen, was dem gemeinsamen Lernen in inklusiven Gruppen entgegenkommt. Durch die Zusammenarbeit im Team lernen Schüler, sich gegenseitig zu helfen sowie sich selbst zu befähigen, ihren Beitrag zur Lösung der Aufgabenstellung zu leisten. Dabei kann jeder Schüler sein individuelles Wissen und seinen Erfahrungsschatz einbeziehen, ohne dass alle Gruppenmitglieder über einen einheitlichen Wissensstand verfügen müssen. Während leistungsschwächere Schüler von leistungsstärkeren Schülern lernen und sich weiterentwickeln, erproben sich leistungsstärkere Schüler in der Ausbildung ihrer kognitiven, fachlichen und didaktischen Kompetenzen. Darüber hinaus setzen sie sich durch die Erklärungen, die sie anderen Schülern liefern, intensiv und vertiefend mit dem Lernstoff auseinander.

Damit sich die jeweiligen Gruppen leichter strukturieren, können in der Praxis Strukturierungshilfen und Methoden eingesetzt werden, die die kooperative Lernform effizienter gestalten:

- Innerhalb der Gruppe können sogenannte **talking chips**, also Chips, die durch den Einsatz sicherstellen sollen, dass jedes Mitglied der Gruppe gleichberechtigt zu Wort kommen kann, das Einbringen von Redebeiträgen innerhalb der Gruppe erleichtern.
- Während der Think-Phase können spezifisch gewählte Fragen, die auf die Lösung des Sachverhalts hinleiten, die Ideensammlung unterstützen.
- Die langfristige Zusammensetzung von Gruppen kann darüber hinaus die Arbeitseffizienz innerhalb der Gruppe befördern. Die einzelnen Lerner kennen einander und können ihre jeweiligen Stärken abschätzen. Das führt langfristig zu Sicherheit und Vertrauen innerhalb der Gruppe und kann die Interaktion der Gruppenmitglieder positiv bestärken.
- Das doppelte Besetzen von Themen kann die Zusammenarbeit von leistungsstärkeren und leistungsschwächeren Schülern in **Expertentandems** befördern.

Expertentandem
Bei dieser Form des Lernens arbeiten zwei Schüler gemeinsam an der Lösung einer Aufgabe. Durch die Kombination von leistungsstarken und leistungsschwächeren Schülern können leistungsschwächere Schüler an dem Wissen des stärkeren Schülers wachsen. Stärkere Schüler können ihr Wissen durch die Weitergabe an den Tandempartner in der Praxis erproben.

- Mithilfe eines **Buddybooks** können Schüler unterrichtsbegleitend ihren Wissensstand dokumentieren und auf diese Weise ihre Fortschritte visualisieren. Für die vereinfachte Handhabung ist es sinnvoll, die Ausgestaltung des Buddybooks hinsichtlich der zu befüllenden Kategorien von der Lehrkraft vorbereiten zu lassen.

Buddybook

Ein Buddybook wird in Form einer Fibel erstellt. Sie dient dazu, den Lernfortschritt festzuhalten, nachdem etwas erlernt wurde. Um den Schülern die Arbeit mit dem Buddybook zu erleichtern, kann es hilfreich sein, wenn die einzutragenden Kategorien von der Lehrkraft vorgegeben werden.

Für Lehrpersonen ergeben sich aus dem kooperativen Lernen in der Konsequenz die folgenden Herausforderungen:

- Je ungeübter Gruppen im Umgang mit dem kooperativen Lernen sind, desto mehr Struktur muss die Lehrkraft den Schülern für die Zusammenarbeit bieten.
- Verfügen Schüler bereits über ein hohes Maß an Sozialkompetenz, bedarf es weniger Einwirken seitens der Lehrkraft.
- Die Bildung der Gruppen für das kooperative Lernen sollte durch die Lehrkraft vorgenommen werden. Auf diese Weise wird sichergestellt, dass sowohl leistungsstärkere als auch leistungsschwächere Kinder miteinander arbeiten.
- Kinder mit unterschiedlichen Sprachkenntnissen sollten von der Lehrkraft gleichmäßig auf die Gruppen aufgeteilt werden.
- Damit die Schüler miteinander interagieren und kooperieren müssen, sollte jede Gruppe nur ein Arbeitsblatt und jedes Mitglied der Gruppe nur einen Teil der Arbeitsmaterialien erhalten.
- Damit die Schüler eine möglichst klare Struktur erhalten, innerhalb derer sie sich bewegen können, sollten ein klarer Zeitrahmen sowie Kriterien für die Präsentation festgelegt werden.

Um innerhalb einer Gruppe ein entwicklungsförderndes Lernen zu bewirken, muss die Lehrkraft die Zusammensetzung der Gruppe im Blick behalten sowie bei der Ausgestaltung der Arbeitsaufträge auf die Kompetenzen der Gruppenmitglieder eingehen.

Frischer Wind: Die besten Methoden aus der Waldorfpädagogik

Zur Erinnerung:
Eine der bis heute bedeutendsten reformpädagogischen Strömungen stellt die Waldorfpädagogik dar. Die Gründung dieser pädagogischen Strömung erfolgte mit der Absicht, für soziale Gerechtigkeit innerhalb des Bildungssystems zu sorgen. Daher sollten mithilfe der Waldorfpädagogik junge Menschen unabhängig von ihrer Herkunft und Begabung die Chance auf eine gleichberechtigte Bildung erhalten. Unterricht sollte in der Umsetzung lebensnah, anschaulich und nicht zu abstrakt sein.

Bei der Entwicklung von jungen Menschen spielten dabei spezifische Unterrichtsmethoden eine Rolle, auf die sich die pädagogische Strömung während des Lernens auch heute noch stützt.
Diese lauten:

- Methodik der An- und Entspannung
- Epochenunterricht
- Intrinsische Motivation statt äußerer Zwang
- das Tun kommt vor dem Verstehen

Im Rhythmus des Lebens: Anspannung und Entspannung

Im menschlichen Leben findet sich eine Vielzahl an Rhythmen. Diese ziehen sich durch alle Lebensprozesse und haben Einfluss auf das kognitive Erleben. Dieser Rhythmen bediente sich auch Rudolf Steiner innerhalb der Methoden der Waldorfpädagogik.

Der Aufbau des Unterrichts erfolgt daher nach der Methodik der Anspannung und Entspannung. Er ist dabei rhythmisch aufgebaut und regt die Schüler dazu an, sich aktiv in ihrer Welt auszuleben (Anspannung), um dann wieder in der Auseinandersetzung mich sich zum eigenen Selbst zurückzukehren (Entspannung).

Der Rhythmus des Unterrichtsstils ähnelt in seiner Umsetzung der Atmung und kann zur gesunden Entwicklung von Kindern und Jugendlichen beitragen. Innerhalb der Waldorfpädagogik soll sich das Kind durch einen Tagesrhythmus, der von rhythmischen Versen und Liedern begleitet wird, einschwingen. Der immer gleich bleibende Rhythmus soll das Kind dabei schützen und Sicherheit vermitteln. Rhythmus erfordert darüber hinaus Disziplin, die das Kind sowohl für schulische Lehr- und Lernzusammenhänge als auch für das spätere Berufsleben ausbilden muss, um sich in der Gesellschaft orientieren zu können. Bereits Erlerntes soll durch die Einhaltung der Rhythmen nicht mehr vergessen werden.

In waldorfpädagogischen Zusammenhängen wird somit jeder Tag durch stetig wiederkehrende Rhythmen und Elemente gegliedert. Dieses Vorgehen soll die Kinder dabei unterstützen, sich innerhalb der Strukturierung des Wochenrhythmus zurechtzufinden. Die Ausgestaltung der Rhythmen dient dem Kind dabei als Grundlage für Geborgenheit und sollen den Aufbau des Vertrauens gegenüber der äußeren Welt unterstützen. Innerhalb des Tagesablaufs wechseln sich dabei Phasen der Aktivität (Anspannung) mit Phasen der Ruhe (Entspannung) ab.

Beispielhaft können methodische Übungen sich in den folgenden Anregungen ausgestalten:

- gemeinsames Einstimmen von Liedern
- das Vortragen von Sprüchen zu einem bestimmten Sachverhalt
- das Vortragen von Gedichten oder Balladen
- das gemeinsame Spielen von Instrumenten
- gemeinsames Ausführen von motorischen Übungen, die die Körperwahrnehmung bestärken sollen

Sollen die Anregungen der rhythmischen Bewegungen konkret im Unterricht umgesetzt werden, ergeben sich vielfältige Möglichkeiten.

Graphische/Bildliche Darstellung

Innerhalb des Geschichtsunterrichts beispielsweise kann die Lehrperson erklärte Zusammenhänge in Bildern darstellen. Sie regt in diesem Kontext die Schüler dazu an, mitzudenken und das Urteilen anzuregen. Hierbei geht der

Schüler in die Anspannung über. Im Nachgang zeichnet er mit den Schülern und führt auf diese Weise den Schüler zurück in die Entspannung.

Narrative Unterstützung

Während des Rechenunterrichts ist der Schüler vollständig mit sich selbst beschäftigt, wodurch er sich durch den intensiven Lernprozess in der Anspannung befindet. Aus diesem Grund kann der Lehrer am Ende einer Recheneinheit eine Geschichte einsetzen, um die Schüler in die Entspannung durch das Zuhören und Mitdenken während der Geschichte zu überführen.

Unterrichtsgespräch

Auch durch das bloße Unterrichtsgespräch zwischen Schüler und Lehrkraft werden die Phasen der Anspannung und Entspannung eingehalten. Durch die Erklärungen des Lehrers zieht er die Aufmerksamkeit seiner Schüler auf sich. Während der Erläuterungen hören die Schüler zu, nehmen das Gesagte wahr und kehren im Anschluss wieder zu sich zurück, um das Gesagte durch die eigenen Denkprozesse zu verarbeiten.

Musikalische Elemente werden im Rahmen der Waldorfpädagogik durch die sogenannte **Eurythmie** umgesetzt.

Eurythmie

Der Begriff der Eurythmie leitet sich dabei aus dem Griechischen ab und lässt sich mit dem deutschen Wort ‚Ebenmaß' oder ‚richtiges Verhältnis' übersetzen. Die Eurythmie umschreibt innerhalb des Konzepts des reformpädagogischen Ansatzes eine moderne Bewegungskunst, die auf die Anthroposophie zurückgeht. Sie soll den Menschen dabei unterstützen, sich in seiner Ganzheitlichkeit, mit seiner Seele und seinem Geist zu bewegen. Für das Erleben ist die Eurythmie ein unabänderlicher Bestandteil der Waldorfpädagogik. So werden beispielsweise innerhalb der Lauteurythmie bestimmte Elemente der Sprache wiedergegeben, wodurch jedem Laut eine Gebärde zugeordnet wird. Auf diese Weise wird Sprache sichtbar und erlebbar gemacht. Neben der Lauteurythmie existiert innerhalb der Methoden der Waldorfpädagogik die Toneurythmie. Die Toneurythmie unterstützt den Lernenden dabei, die Musik erlebbar zu machen. Auch hier sind bestimmte Tonarten bestimmten Gebärden zugeordnet. Zudem erfolgt das Schreiten im Takt. Auf diese Weise trägt die Eurythmie dazu bei, dass Kinder in Bewegung kommen und sich in ihrer Körperlichkeit erfahren. Das Instrument der Eurythmie ist dabei der Körper selbst.

Innerhalb der Unterstufe geht es bei Eurythmie vor allem um die Verbindung des Körperlichen und Seelischen. Sie ist wichtig für die Verbindung und Verwirklichung der Impulse. Kinder erhalten in diesem Umfang die Möglichkeit, mit ihrem ganzen Wesen Sprache und Bilder zu erleben. Hierbei wird das Einfühlungsvermögen gefördert und die Beweglichkeit trainiert. Im Rahmen der Oberstufe beabsichtigt die Eurythmie, Gehörtes in Bewegungen auszudrücken und auf diese Weise die Vorstellungskraft, den Willen sowie die Umsetzung von Zielen zu bestärken.

Die methodische Umsetzung der Eurythmie innerhalb des Unterrichts kann dabei wie folgt erfolgen:

Narrative Unterstützung

Innerhalb der Unterstufe bietet sich aufgrund der noch vorhandenen „Märchenstimmung“ an, kleinere Märchen in Gedichtform zu erarbeiten. Die Rhythmen können dabei durch die Lehrkraft in Bildern verpackt werden. Geht es in einem märchenhaften Gedicht beispielsweise um einen Riesen, der mit festen Schritten durch das Land wandert, weisen diese einen anderen Rhythmus auf als Zwerge, die sich mit kleinen kurzen Schritten fortbewegen. Zusätzlich können die Kinder dazu ermutigt werden, sich in Kreisform zu bewegen und dabei Formen zu laufen.

Raumerfahrung in Kleingruppen

Mit steigendem Alter können die Kinder von der Lehrkraft dazu ermutigt werden, neue Erfahrungsräume auszuprobieren. Hierzu eignet sich die Übung „Wir suchen und wir leben uns“. Diese Übung wird statt im Klassenkontext von einer kleinen Vierergruppe gelaufen. Dabei lösen sich die Kinder aus dem Gefüge des großen Kreises und erleben auf diese Weise den Raum neu. Das unterstützt sie bei der Ausbildung der Orientierungsfähigkeit innerhalb des Raumes und führt zu mehr seelischer Beweglichkeit.

Darstellung von Wortbildern und Sätzen

Mit weiter ansteigendem Alter kann die Eurythmie in der Praxis durch die Darstellung von Wortbildern und Sätzen ausgeübt werden. Dies trägt zu einer zunehmenden Differenzierung von Lauten bei. Bei dieser Übung sollte die Lehrkraft einzelne Kinder dazu ermutigen, etwas vor der Klasse vorzutragen, wie beispielsweise ein Gedicht.

Formerleben von Buchstaben

Um die Ausbildung der Sprache bei Kindern weiter voranzutreiben, kann die Toneurythmie genutzt werden. Hierbei werden die Formen für Substantive und Verben eingeübt. Im Rahmen dieser Übung erfahren die Schüler die Buchstaben über das Gefühl und durch die Bewegung. Sie laufen Kreisbögen für ein ‚O' oder eine Gerade für ein ‚I' oder ‚E'. Dabei erfahren sie die fühlbaren Unterschiede und ermöglichen das Erfahren der Sprache nicht nur im Kopf, sondern mit dem ganzen Körper sowie mit dem Gefühl (Herz).

Das Einhalten eines gewissen Rhythmus beabsichtigt dabei, dass das Kind in vollem Umfang in eine Thematik eintauchen kann, die es im Anschluss in Verbindung zu allen Sinnen und dem menschlichen Körper erlebt und dadurch eine individuellere Gedankenbildung anregen kann.

Fächerübergreifend & Projektbezogen: Epochenunterricht

Der Epochenunterricht ist neben dem methodischen Vorgehen der An- und Entspannung ein strukturelles Merkmal des Waldorfpädagogik-Unterrichts.

> Der Epochenunterricht ist dabei als eine spezifische Ausgestaltung des Stundenplans zu verstehen, innerhalb derer wiederkehrend der sogenannte Haupt- und Epochenunterricht stattfindet. Eine Epoche erstreckt sich über einen Zeitraum von drei bis vier Wochen.

Hierbei wird den Schülern der Unterrichtsinhalt dieser Epoche intensiv dargeboten. Strukturell wird dabei jeden Morgen für eine Dauer von 105 Minuten (Doppelstunde) auf ein bestimmtes Thema hingearbeitet. Bevor in die Lerninhalte und die konzentrierte Arbeit eingetaucht wird, wird insbesondere in den unteren Klassenstufen mit einem rhythmischen Teil begonnen, der dabei unterstützen soll, ganzheitlich in die Lerninhalte einzutauchen. Im Anschluss soll ein intensives Auseinandersetzen mit dem jeweiligen Sachverhalt erfolgen. Das Gelernte wird im Anschluss über Nacht verinnerlicht, sodass es am kommenden Tag weiter vertieft werden kann. Über Nacht entwickeln sich bei den Schülern dabei häufig Fragen, die am darauffolgenden Tag im Klassenkontext diskutiert werden können.

In der Unterstufe umfasst der Epochenunterricht inhaltlich die Bereiche Lesen, Schreiben, Rechnen und Formenzeichnen. Auch Sachkunde wird im Rahmen des Epochenunterrichtes gelehrt. Mit steigenden Klassenstufen wandeln sich die Fächer. Aus den Fächern Schreiben, Rechnen und Heimatkunde wird dann Deutsch, Mathematik und Erdkunde. Daneben wird das Angebot der Fächer auf Bereiche wie Geschichte, Biologie, Chemie, Physik und Kunstgeschichte ausgeweitet. Fächer, die ein konstantes Training erfordern, wie beispielsweise Musik, Handarbeit, Sport oder Sprachen, werden in den Stunden nach dem Epochenunterricht unterrichtet. Für die Bereiche Deutsch und Mathematik gibt es zudem zusätzliche Übungsstunden, in deren Rahmen die Festigung des Unterrichtsstoffs erfolgen soll. Die Fächer werden dabei so dargeboten, dass sie im Rahmen des Stundenplans möglichst abwechslungsreich aufeinandertreffen und die verschiedenen Sinne des Kindes aktivieren. Wird Englisch in einer Fachstunde unterrichtet, folgt darauf beispielsweise Sport. Ziel des Epochenunterrichts ist es, ein Thema aus unterschiedlichen Perspektiven zu beleuchten, um so eine möglichst vielfältige Auseinandersetzung mit der Welt zu erzeugen.

Im Anschluss an den Epochenunterricht wird der Unterricht von Fachlehrern in den Fächern Musik, Fremdsprachen, Sport, Eurythmie, Religion oder in handwerklich-künstlerischen Fächern fortgesetzt.

Fächerübergreifende Projektideen

Für das Verständnis gesellschaftlicher Zusammenhänge ist es wichtig, dass Dinge umfassend in ihrer Ganzheitlichkeit und nicht isoliert betrachtet werden. Im Kontext der Waldorfpädagogik geschieht dies durch den Epochenunterricht, der die unterschiedlichen Fachgebiete miteinander verbinden soll, da sich Schule gegenwärtig stärker mit Fragen beschäftigt, die durch altbewährte Unterrichtsfächer nicht mehr beantwortet werden können. Die Beantwortung der Fragen benötigt daher ein größeres Themenspektrum. Um die Aufklärung dieser Fragestellungen sicherzustellen, ist ein fächerübergreifendes und fächerverbindendes Lernen ein unweigerlicher Bestandteil.

In der Umsetzung generiert der fächerübergreifende Unterricht durch die Loslösung aus dem traditionellen Rahmen einen Zugang zu interdisziplinären sowie lebensweltlichen Problemzusammenhängen. Traditionelle Unterrichtsfächer reichen hierzu häufig nicht aus, sodass sich die Lernenden nicht aktiv mit der Welt auseinandersetzen können und das Lernen nicht als lebensbegleitende Fähigkeit erlangen.

Damit Schüler einen Sachverhalt fächerübergreifend bearbeiten können, ist eine komplexere Sicht- und Arbeitsweise notwendig. Die Handlungskompetenz der Schüler kann dabei durch die Kooperation der unterschiedlichen Fachkollegen gestärkt werden, wenn diese sich regelmäßig zu themenübergreifenden Projektideen abstimmen. Bei der Implementierung von fächerübergreifendem Epochenunterricht sollte für die effektive Gestaltung das pädagogische Muster der Anspannung und Entspannung, das beispielsweise durch geistige Tätigkeit und Bewegung stattfindet, beachtet werden. Mögliche Ideenfelder für einen projektierten Unterricht finden sich dabei in den nachfolgenden Bereichen:

Themenbereich Sportunterricht – Menschen-, Tier- und Pflanzenkunde, Rechnen

Während in der Epoche der Bewegung Bereiche wie das Laufen, Springen, Werfen oder die Leichtathletik abgearbeitet werden, können parallel dazu im Rahmen der Menschen-, Tier- und Pflanzenkunde aufgreifend Themen wie Körperhygiene, Erkältungskrankheiten, gesunde Ernährung und Bewegung bearbeitet werden.

Die Epoche des Rechnens kann parallel hierzu Größen und Längenmaße aufgreifen oder sich mit der Thematik der Zeit befassen. Darüber hinaus können Messinstrumente angefertigt oder Tabellen, Skizzen und Diagramme angelegt werden.

Ergänzend kann die Epoche der Physik Weg- und Zeitmessungen aufgreifen, Weg- und Zeitdiagramme anfertigen sowie den Zusammenhang zwischen Weg und Zeit bearbeiten.

Themenbereich Sportunterricht – Menschen-, Tier- und Pflanzenkunde, Rechnen, Religion, Naturwissenschaften

Während in der Epoche der Bewegung Bereiche wie die Bewegungsabläufe an Geräten oder das Turnen umgesetzt werden, kann die Epoche des Rechnens Körperschemata, Wahrnehmungsspiele sowie Veränderungen der Lage von Körpern aufgreifen.

In der Epoche der Religion können Themen wie die Wahrnehmung von Gefühlen, der Umgang mit den eigenen Gefühlen sowie der Umgang mit den Gefühlen der Mitmenschen besprochen werden.

Parallel hierzu kann die Naturwissenschaft Körperhaltungen und Haltungsschäden aufgreifen und sich mit Muskeln, Sehnen und Knochen auseinandersetzen. Darüber hinaus können Stütz- und Bewegungsfunktionen des Skeletts oder die Gesunderhaltung der Füße thematisch aufgegriffen werden.

Themenbereich Sportunterricht – Mathematik, Musik, Kunst, Physik, Religion, Menschen-, Tier- und Pflanzenkunde, Naturwissenschaften

Während die Epoche der Bewegung Bereiche wie Gymnastik und Tanz aufgreift, kann innerhalb der Epoche der Mathematik die Veränderung der Lage von Körpern oder Körperschemata besprochen werden.

Innerhalb der Epoche der Musik können thematisch Tanzspiele, Volks- und Kindertänze, Körperpercussions, Klänge und Geräusche, Stille sowie die emotionale Wirkung von Musik behandelt werden.

Parallel dazu kann die Epoche der Kunst die Eigenschaften von Farben, Papieren, Pappen sowie die Beschaffenheit pflanzlicher und tierischer Materialien aufgreifen. Hierbei kann die Epoche Bezug nehmen zu der Lebenswelt der Kinder.

Im Rahmen des physikalischen Epochenunterrichts können die Zustände der Bewegung und Ruhe aufgegriffen sowie Körper und Stoffe inhaltlich behandelt werden.

Die Menschen-, Tier- und Pflanzenkunde kann sich in diesem Kontext mit den Themen Kleidung, Rituale, Feste, Feiern sowie kulturelle Ausdrucksformen beschäftigen.

Die Naturwissenschaft kann sich darüber hinaus mit Körperhaltungen und Haltungsschäden, Muskeln, Sehnen und Knochen sowie dem Stütz- und Bewegungsapparat auseinandersetzen.

Themenbereich Sportunterricht – Deutsch

Während in der Epoche der Bewegung verschiedene Sportarten in der Gruppe aufgegriffen und die Regeln zum jeweiligen Spiel erläutert werden, kann sich die Epoche Deutsch mit Regeln und Ritualen, verbalen und nonverbalen Signalen sowie mit Sachtexten befassen.

Themenbereich Rhythmusschulung – Menschen-, Tier- und Pflanzenkunde, Deutsch, Musik

Während die Epochen der Bewegung und der Rhythmusschulung bestimmte Turnverbindungen oder den Synchrontanz abhandeln, können im Rahmen der Menschen-, Tier- und Pflanzenkunde Percussions gebaut werden.

Innerhalb der Epoche Deutsch können Gedichte herausgesucht und die jeweiligen Takte besprochen und bearbeitet werden.

Die musikalische Epoche kann in diesem Zusammenhang Lieder in verschiedenen rhythmischen Ausgestaltungen aufgreifen und diese instrumentell begleiten.

Auf einen Blick:

Beispielstundenplan Jahrgang 5

	Montag	Dienstag	Mittwoch	Donnerstag	Freitag
8:15 bis 9:45 Uhr	Morgen-kreis	Epoche	Epoche	Epoche	Epoche
			Große Pause		
10:10 bis 11:40 Uhr	Sport	Musik	Naturwis-sen-schaften	Sprache	Kunst
			Große Pause		
11:55 bis 12:40 Uhr	Epoche	Epoche	Epoche	Epoche	Epoche
			Mensa		
13:25 bis 14:10 Uhr	Epoche	Sprache	Epoche	Epoche	
14:15 bis 15:45 Uhr		Sprache	Freie Ar-beitsge-meinschaft		

Planungshilfen Epochenunterricht

Damit die Umsetzung des Epochenunterrichts gelingt, sind verschiedene Faktoren von der Lehrkraft zu berücksichtigen. Auf der Ebene der Vorbereitung sollten Lehrkräfte die nachfolgenden Punkte im Gedächtnis behalten:

Vorbereitung:
- Der Lehrplan sollte für die bevorstehenden acht Klassenlehrerjahre bekannt sein.
- Zudem sollte bei der Auswahl der Lerninhalte das ganze Schuljahr im Blick behalten und auf den Inhalt der jeweiligen Epoche abgestimmt werden.
- Nebstdem ist die Wochen- und Tagesplanung für einen gelingenden Unterricht wichtig.

Um die Unterrichtsinhalte begeisternd zu vermitteln, sollte die Lehrkraft eine eigene Neugier an der Erarbeitung der Unterrichtsinhalte haben, die sich in den Aufgabenstellungen für die Schüler widerspiegelt. Diese innere Haltung wird auch als *sanguinische Einstellung* bezeichnet.

Definition: Sanguiniker

Mit einer sanguinischen Einstellung zum Lernstoff wird eine lebhafte Haltung des Lehrers beschrieben, bei der der Geist lebhaft und mit allen Sinnen mit dem Lernstoff umgeht.

Als Sanguiniker werden demnach Personen beschrieben, die Sachverhalte temperamentvoll erörtern. Er ist ausgeglichen, gesellig, praktisch sowie standhaft. Seine Reaktionsgeschwindigkeit ist hoch und er begeistert sich für neue Sachverhalte. Sanguiniker haben ein starkes Ausdrucksvermögen und eine ausgeprägte Mimik. Darüber hinaus sind sie in der Lage, Stresssituationen mit viel Selbstbeherrschung entgegenzutreten und Aufgaben enthusiastisch anzugehen, womit sie sein Umfeld positiv beeinflussen.

Gleichzeitig weist die Lehrkraft ein großes Durchhaltevermögen sowie eine Beharrlichkeit bei der Planung und Organisation des Unterrichts auf. Bei der Vorbereitung beachtet die Lehrkraft daher, dass sie sich mit neuen Unterrichtsinhalten rechtzeitig vorbereitend auseinandersetzt und sich in neue Themengebiete ganzheitlich einarbeitet.

Beispiel:
Verfügt eine Lehrkraft nicht über Kenntnisse im Bereich der Astronomie, beginnt sie bereits Jahre vorher, sich hiermit auseinanderzusetzen. Sie besucht das Planetarium oder Veranstaltungen der Volkshochschule (VHS), um in das Thema einzutauchen.

Verfügt eine Lehrkraft nicht über ausreichend Informationen und Wissen im Bereich der Pflanzenkunde, so kann sie an pflanzenkundlichen Wanderungen teilnehmen und ihr Wissen dort erweitern.

Gleichsam kann die Lehrkraft bei fehlendem Wissen über die Menschen-, Tier- und Pflanzenkunde den Zoo besuchen und sich mit den Tierarten auseinandersetzen und sich schulen lassen.

Darüber hinaus ist es hilfreich, wenn Lehrkräfte eine Kartei-Materialsammlung anlegen, innerhalb derer sie Themen für die Tätigkeit als Klassenlehrer sortieren. Die Materialsammlung wird zur Vorbereitung weit vor dem Beginn der jeweiligen Epoche angelegt. Die Wissensaneignung unterstützen dabei vertiefende Bücher oder Daten. Das erarbeitete Wissen wird dann in Form einer Kartei oder kopierter Textpassagen in einem Ordner aufbewahrt, der zur jeweiligen Epoche gehört.

Beim Lesen von Büchern zu den entsprechenden Themen werden wichtige Passagen markiert und mit Randnotizen versehen. Die Notizen, die innerhalb des Buches erfasst wurden, werden im Anschluss auf Karteien übertragen und dem jeweiligen Ordner der Epoche zugeordnet.

Fächerübergreifende Unterrichtsgestaltung an einem Beispiel:
Rhythmusschulung
Bei der Bearbeitung des Bereichs der Rhythmusschulung innerhalb des Bewegungsunterrichts, bei dem bestimmte Turnverbindungen oder Synchronfiguren ausgearbeitet werden, kommt es durch die Berücksichtigung der unterschiedlichen Takte und Rhythmen durch eine Klatschübung zur Verbindung von fächerübergreifenden Elementen. Im Anschluss wird das Laufen, Springen, Trampeln und Klopfen im Rhythmus eingeübt.

Daraufhin werden verschiedene Zählübungen ausprobiert und Zählzeiten auf 2, 4, 6, oder 8 erweitert. Es folgt das Klatschen im Takt, welches durch das Treten, Schlagen und Trommeln in seinem Schwierigkeitsgrad erweitert werden kann. Auch hier ist die Steigerung der Schwierigkeit durch die Regulation der Lautstärke möglich. Hierdurch werden Varianten in der Bewegung, wie Gehen, Hüpfen, Drehen oder Laufen, ausprobiert.

Das Aufsagen von Gedichten und Versen in einem bestimmten Takt steigert dabei zusätzlich die Schwierigkeit und vertieft die Erfahrung mit dem Taktgefühl.

Durch den Bau von Percussions kommt es zur Übertragung von fächerübergreifenden Inhalten. Nach der Anfertigung der Percussion in der Menschen-, Tier- und Pflanzenkunde kann im Anschluss innerhalb des musikalischen Unterrichts im Takt getrommelt und hierdurch verschiedene Rhythmen umgesetzt werden. Innerhalb der Epoche Deutsch werden unterschiedliche Gedichte im Takt aufgesagt und dabei miteinander verglichen.
Mithilfe des Singens von Liedern oder der rhythmischen Begleitung mit Instrumenten erfahren Schüler musikalisch fächerübergreifende Epochen. Außerdem trainieren die Kinder Tänze in einem bestimmten Takt, die durch die Herstellung von Kostümen mit der handwerklichen-künstlerischen Epoche verbunden werden.

Bei der Strukturierung der Herangehensweise für einen Epochenunterricht können sich Lehrkräfte an den nachfolgenden Punkten orientieren:

- Recherche eines passenden Themas
- Erarbeitung eines angemessenen Programms mit Variationsmöglichkeiten innerhalb der Methodik und Didaktik, um die Bedürfnisse der einzelnen Schüler besser berücksichtigen zu können (Bedürfnisorientierung)
- Sachverhalt in einem spannenden Zusammenhang verpacken, zum Beispiel in Form einer Geschichte, die die Neugier der Schüler intrinsisch weckt und ein Interesse an der Weiterarbeit generiert
- Integration von lockernden Elementen während der Erarbeitung (Anspannung und Entspannung)
- Inhaltliche Erarbeitung anhand einer konkreten Struktur

Die Projektreihe „Ritter und Mittelalter“

Um eine konkrete Projektreihe zum Thema „Ritter und Mittelalter“ im Sinne des fächerübergreifenden Epochenunterrichts anzusetzen, sollte sich die Lehrkraft im Vorfeld mit der Thematik vertraut machen und bereits erste Ideenskizzen für mögliche Schwerpunkte notieren. Das Notieren bestimmter Schwerpunkte sowie die damit einhergehende thematische Strukturierung kann in Form einer Ideenskizze erfolgen.

Ideenskizze:
Im Rahmen der Ideenskizze geht es darum, das Thema möglichst konkret zu strukturieren und zu beschreiben.

- Was ist das Wesentliche Ihrer Idee?

- Wodurch zeichnet sich Ihre Idee aus?

- Welche Bereiche müssen innerhalb Ihres Konzepts besonders hervorgehoben werden?

- Welche Sachverhalte können mit der Idee bearbeitet werden?

- Welche Wissensziele sollen erreicht werden?

Im Anschluss an die Vorstrukturierung des Themas sollte es in einem ersten Impuls zusammen mit den Schülern besprochen werden, um die Ideen der Schüler in den Sachverhalt einfließen zu lassen und die Interessenbereiche der Schüler zu berücksichtigen. Hierzu können die Schüler mithilfe von Pinnwänden, Mindmaps oder der Think-Pair-Share-Methode in die Zusammentragung der Schwerpunkte eingebunden werden.

Am Beispiel der Think-Pair-Share-Methode geht die Lehrkraft wie folgt vor:

THINK: Notieren Sie den Begriff ‚Ritter' an der Tafel. In Einzelarbeit kann den Schülern dann für ein erstes Brainstorming Zeit zur Verfügung gestellt werden, um auf vorbereiteten Notizzetteln Assoziationen mit dem Begriff zu vermerken.

PAIR: Im Anschluss können Kleingruppen gebildet werden, in denen sich die Schüler auf fünf zentrale und gemeinsame Begrifflichkeiten einigen.

SHARE: Anknüpfend an diesen Schritt werden die Ergebnisse präsentiert und gemeinsam festgehalten. Auf diese Weise soll ein gemeinsamer Themenschwerpunkt festgelegt werden, auf den sich das Projekt im Anschluss stützen wird.

Danach erfolgt auf den Ergebnissen basierend die Zuteilung in mögliche Arbeitsgruppen, wie zum Beispiel die Herstellung der Kostüme, die inhaltliche Gestaltung der Thematik für das Theaterstück sowie die Formulierung der Dialoge und Szenen, die schauspielerische Darbietung, die Gestaltung der Szene ...

Parallel dazu sollten von Seiten der Lehrkraft Absprachen mit weiteren Fachlehrern getroffen werden, die fächerübergreifend in das Projekt eine Einbeziehung erfahren. So kann beispielsweise bei der Herstellung der Kostüme sowie für die Gestaltung der Szene der handwerklich-künstlerische Bereich inhaltlich verknüpft werden. Für die Formulierung der einzelnen Szenen und Dialoge kann der Deutschunterricht unterstützen, wohingegen die schauspielerische Darbietung von der musischen Erziehung übernommen werden kann. Daneben kann die Menschen-, Tier- und Pflanzenkunde die thematische Bearbeitung übernehmen und für die Vermittlung des Hintergrundwissens sorgen.

Für die Bereitstellung und die Beschaffung der benötigten Materialien ist es wichtig, dass die Lehrkraft Rücksprache über die finanziellen Mittel innerhalb der Institution hält. Nach Bedarf können Eltern in die Planung einbezogen werden.

Abschließend sollten die Anliegen und Ziele der Lerneinheit schriftlich festgehalten werden, um sicherzustellen, welche Ziele jedes Kind nach Abschluss der Übung erreicht haben sollte. Im Falle des Projekts „Ritter im Mittelalter" könnte ein Anliegen möglicherweise wie folgt formuliert werden:

Anliegen und Ziele der Lerneinheit: Welche Fragen sollten Schüler nach Ablauf der Lerneinheit beantworten können?

Innerhalb der Ideenskizze wurde das grobe Thema bereits durch die Lehrkraft bestimmt. Die Schüler sollten in diesem Kontext die Ideenfindung durch die Think-Pair-Share-Methode unterstützen. Übergreifende Anliegen waren in diesem Kontext:

- In welchem Zeitalter haben Ritter gelebt?
- Was zeichnete das Mittelalter aus?
- Was kennzeichnet das Rittertum?
- Wie konnte die Ausbildung zum Ritter erfolgen?
- Wie sah die Rüstung eines Ritters aus?
- Gab es ein spezielles Vokabular, Redensarten oder Ähnliches aus der Ritterzeit?

Neben den Formulierungen der Lernziele sollten sich Lehrkräfte mit der Formulierung von Projektabsichten auseinandersetzen. Hierbei geht es nicht um die Formulierung von Zielen, sondern vielmehr darum, welche Methoden aus welchen Epochen für die Bearbeitung des Themas herangezogen und ausgebildet werden können. Die Formulierung der Projektabsicht könnte am Beispiel des Projekts „Ritter im Mittelalter" wie folgt aussehen:

Projektabsichten der Lerneinheit: Welche Kompetenzen sollten Schüler während des Ablaufs der Lerneinheit schulen können?
Folgende ‚Produkte' soll das Projekt nach Ablauf generieren:

- szenisches Gestalten
- Gestaltung von Kostümen
- rhythmische Tänze zu Musik des Mittelalters
- inhaltliche Ausgestaltung von Dialogen
- Auseinandersetzung mit Sprache in anderen geschichtlichen Epochen
- Auseinandersetzung mit der eigenen Kreativität und Vorstellungskraft
- Herausbildung von Präsentationsskills durch das Vortragen des Theaterstücks

Bei der Durchführung ist der Zeitrahmen der Umsetzung flexibel an den Projektumfang anzupassen. Damit sich die Schüler intensiv in die Themen einarbeiten können, sind mehrere Tage bis Wochen (je nach Aufwand der Thematik sowie der gewählten Projektmethode) einzuplanen.

Am Ende einer jeden Projektwoche sollte ein Resümee stehen. Im Rahmen des Resümees sollte mit den Schülern der Ablauf des Projekts nachbesprochen werden. Hierbei sollten sie die Möglichkeit erhalten, ihre eigenen Erfahrungen des Projekts zu teilen. Zudem sollte gemeinsam überlegt werden, was gut funktioniert hat und was für weitere Projekte zu verbessern ist und angepasst werden kann.

Auf einen Blick:
Gestaltung eines Projekts
Themenschwerpunkt: „Ritter und Mittelalter" – Ein Theaterstück

Vorbereitende Schritte:

1. Entwurf einer passenden Ideenskizze, z. B. in Form einer Mindmap
2. Gespräch mit den Schülern über das Thema, um herauszufinden, wo mögliche Schwerpunkte innerhalb der Thematik gesetzt werden könnten
3. Im Nachgang: Gespräch mit den Schülern über die Aussagen, die das Theaterstück haben soll
4. Diskussion des Themas innerhalb der Klasse (Welche Themen knüpfen an? Welches Schwerpunktthema eignet sich für die Bearbeitung?)

5. Aufforderung: Schüler sollen sich in die Projektgruppen zuteilen (z. B. Herstellung der Kostüme, inhaltliche Gestaltung der Thematik für das Theaterstück sowie Formulierung der Dialoge und Szenen, schauspielerische Darbietung, Gestaltung der Szene ...)

6. Projektplanung sowie Festlegung der Verantwortlichkeit (Welche Epochen können fächerübergreifend in das Projekt einbezogen werden? Welche Fachkräfte können unterstützen?)

7. Austausch mit anderen Projektverantwortlichen über die Zielstellungen

8. Finanzielle Mittel (Wie viel wird für die Umsetzung des Projekts benötigt? Stehen die Mittel innerhalb der Institution zur Verfügung?)

9. Austausch mit den Eltern zum geplanten Projekt (Wer kann begleitend unterstützen?)

Intrinsische Motivation statt äusserer Zwang

Das heutige Bildungsverständnis hat sich im Zuge verschiedener Forschungsergebnisse von Studien wie PISA oder IGLU grundlegend gewandelt. Motivation ist dabei ein zentrales Konstrukt der Verhaltenserklärungen von Schülern. Forschungen haben ergeben, dass die Art und Weise des Lernverhaltens maßgeblich von der jeweiligen Motivation bestimmt wird. Sie gibt Aufschluss darüber, welche Lernstrategien Schüler im Verlauf des Lernprozesses wählen.

Lernmotivation
Die Lernmotivation wird dabei als Absicht verstanden, spezifische Fähigkeiten und Fertigkeiten auszubilden, um ein bestimmtes Ziel zu erreichen (beispielsweise in traditionellen Schulkontexten das Bestehen einer Klassenarbeit).

Ist der Lernende motiviert, macht dies den Lernprozess deutlich effizienter. Unbestritten ist unter Didaktikern daher, dass das Lernen heute der *intrinsischen Motivation* bedarf.

Intrinsische Motivation

Mit der intrinsischen Motivation wird der innere Antrieb eines Menschen beschrieben, der den Drang beschreibt, etwas zu tun, weil man sich dazu begeistern kann oder weil es den eigenen ideellen Wertvorstellungen entspricht (beispielsweise das samstägliche Kehren der Straße, wenngleich es keine Freude bereitet, besteht dennoch die Überzeugung, dass ein sauberer Gehweg und ein sauberer Straßenbereich sinnvoll sind). Somit wird ein Verhalten an den Tag gelegt, das aus dem Inneren der Person stammt und nicht von außen angeregt wurde.

Die intrinsische Motivation ist dabei klar von der extrinsischen Motivation abzugrenzen, die von äußeren Faktoren, wie Belohnungen oder Bestrafungen, angetrieben wird (z. B. die Höhe der Bezahlung, die Angst vor einer Abmahnung).

Daher beruht die Theorie der intrinsischen Motivation ursprünglich auf Bedürfnissen wie Hunger, Durst sowie den psychologischen Grundbedürfnissen. Die intrinsische Motivation ist innerhalb der Sozialpsychologie daher eine Begrifflichkeit, die den Zustand eines Antriebs beschreibt, der nicht durch äußere Faktoren (wie zum Beispiel Geld oder andere Personen), sondern durch die eigene Person bestimmt wird. Damit steht sie im Zusammenhang mit der *Sozialpsychologie* und der sogenannten *Selbstbestimmungstheorie*.

Beispiel:

Zu den psychologischen Grundbedürfnissen zählen Bedürfnisse wie das Schlafen, Trinken und Essen. Im Gegensatz zu individuellen Bedürfnissen sind die Grundbedürfnisse bei allen Menschen gleich. Sind psychologische Grundbedürfnisse gestillt, treten diese für unbestimmte Zeit wieder in den Hintergrund.

Nach einer reichhaltigen Mahlzeit ist das Bedürfnis, an Essen zu denken oder Nahrung aufzunehmen, daher eher gering.

Der Zusammenhang mit der intrinsischen Motivation besteht im Hinblick auf die psychologischen Grundbedürfnisse dahingehend, dass Menschen, um Nahrung aufnehmen zu können, Nahrung beschaffen müssen (Einkauf). Für den Einkauf benötigen sie Geld, das sie bei der Arbeit verdienen, so dass sie als unweigerlicher Bestandteil für das Überleben intrinsisch erledigt werden muss.

Sozialpsychologie

Die Sozialpsychologie beschäftigt sich mit dem Denken, Erleben und Verhalten von Menschen innerhalb von sozialen Kontexten. Im Fokus stehen dabei psychische Grundfunktionen, wie das Gedächtnis, Emotionen, Motivation, Verhalten, Wahrnehmung und die Urteilsbildung.

Selbstbestimmungstheorie

Im Rahmen der Selbstbestimmungstheorie wird die menschliche Entwicklung in Bezug auf die *Motivation* beschrieben. Sie fokussiert sich dabei auf die Qualität eines motivierten Verhaltens und die daraus hervorgehenden Konsequenzen für das Wohlbefinden sowie die Leistung der Person. Ferner befasst sie sich mit den sozialen Rahmenbedingungen sowie den Grundbedürfnissen Autonomie (z. B. hinsichtlich der Wahl der Lernmethode innerhalb der Waldorfpädagogik), soziale Einbindung (z. B. die Verbundenheit zu Mitschülern) sowie Kompetenz (z. B. die Auseinandersetzung mit den Lerninhalten), die Einfluss auf den Grad der Selbstbestimmung haben können.

Die Selbstbestimmungstheorie am Beispiel Hunger:

Stellt eine Person bei der **Selbstbeobachtung** fest, dass ein Hungergefühl besteht, ist sie bestrebt, die Motive zu erforschen, die das bestehende Bedürfnis stillen. Bei der lösungsorientierten Suche nach einer Bearbeitungsmöglichkeit für das Problem stellt die Person fest, dass die **internale Zielsetzung** sein muss, den Hunger zu stillen, indem kurzfristig Nahrung aufgenommen wird. Für die Erreichung des Ziels muss die Person entweder genügend Nahrungsmittel für die Zubereitung einer Mahlzeit zur Verfügung haben oder diese bei einem Einkauf beschaffen, um das Bedürfnis zu befriedigen. Dieses Verhalten wird im Rahmen der Selbstbestimmungstheorie als **planendes und zielgerichtetes Verhalten** umschrieben. In einem letzten Schritt übernimmt die Person für die Befriedigung des Bedürfnisses die **persönliche Verantwortung**. Durch die konkrete Zubereitung der Nahrung und der damit verbundenen Nahrungsaufnahme kann das Bedürfnis Hunger gestillt werden.

Grundsätzlich kann die Selbstbestimmungstheorie die *Maslowsche Bedürfnispyramide* abbilden.

Maslowsche Bedürfnispyramide

Die Bedürfnispyramide nach Abraham Maslow (1908-1970) beschreibt ein sozialpsychologisches Modell, in dem menschliche Bedürfnisse und Motivationen hierarchisch dargestellt werden. Innerhalb dieses Modells kann das darüberliegende Bedürfnis nur erreicht werden, wenn die darunterliegenden Bedürfnisse bereits erfüllt wurden.

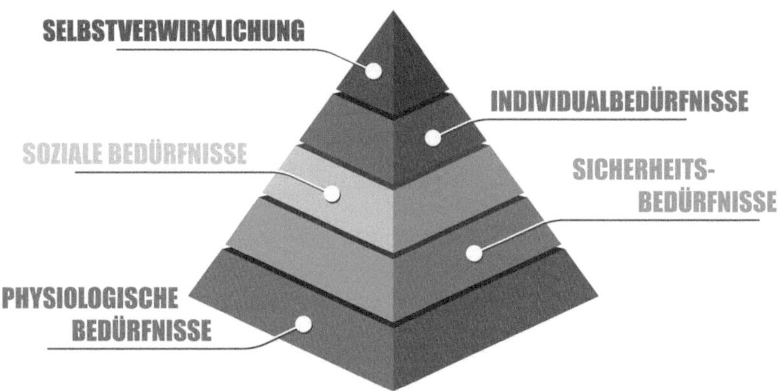

Nach Maslow werden Bedürfnisse daher in unterschiedliche Stufen unterteilt, die jeweils aufeinander aufbauen. Dabei geht er davon aus, dass das Nichtrealisieren von Bedürfnissen sowohl physische als auch seelische Folgen haben kann. Sind psychologische Grundbedürfnisse demnach nicht erfüllt, kann nicht zur Selbstverwirklichung übergegangen werden.

Mit Blick auf eine intrinsisch motivierte Haltung kristallisieren sich daher die folgenden Faktoren heraus:

- Neugier,
- Problemlösung,
- Herausforderung,
- Anerkennung sowie
- Zugehörigkeitsgefühl.

Bei Schülern wird die **Neugier** durch etwas geweckt, dass ihre Aufmerksamkeit erregt. Diese innere Neugier treibt sie an, Neues zu entdecken und zu lernen. Dabei bezieht sich die Neugier sowohl auf die physische (sensorische) Neugier als auch auf die Reizneugier (kognitive Neugier).

Beispiel: Unterscheidung zwischen physischer (sensorischer) und Reizneugier (kognitiver Neugier)

Sensorische Neugier

Es ist Ihnen möglich, diesen Text zu lesen, weil Ihre Nervenzellen die Lichtwellen in ihren Augen stimulieren. Zudem ist Ihr Gehirn in der Lage, die entsprechenden Signale weiterzuleiten.

Kinder beispielsweise erleben und erfahren neue Gegenstände und Situationen durch Berührungen. Berührungen sorgen dabei dafür, dass Reize sensorisch über das Nervensystem an das Gehirn weitergeleitet werden, wo die entsprechenden Signale aus den erfahrenen Berührungen abgeleitet und abgespeichert werden.

Kognitive Neugier

Kinder können im Rahmen von Lernprozessen zum Lernen motiviert werden, wenn die Umgebung ansprechend und interessant gestaltet wird. Das heißt: Um die kognitive Neugier eines Kindes anzusprechen, muss die Umgebung zum Erkunden einladen und mit Reizen versehen sein. Hierzu können beispielsweise sowohl bunte Arbeitsblätter als auch unterschiedliche Lernmethoden beitragen.

Im Kontext der **Problemlösung** geht es darum, Schüler in ihrem gemeinschaftlichen Tun mit anderen Schülern zu bestärken. Hierbei wird im Laufe des Lernprozesses vermittelt, dass Probleme durch Zusammenarbeit in einigen Kontexten allumfassender gelöst werden können.

Um die intrinsische Motivation bei den Schülern im Verlauf des Lernprozesses zu erhalten, sollten Lernaufgaben so aufgebaut sein, dass sie kleinere **Herausforderungen** darstellen. Sie spornen den Schüler zu höheren Leistungen an und motivieren ihn, über sich hinauszuwachsen.

Mit Blick auf den Faktor **Anerkennung** sollen Schüler in ihrem Wesen durch die Lehrkraft gesehen und als wertvoll anerkannt werden. Die Anerkennung des Schülers führt in der Folge im Schüler zu einer Erhöhung seiner inneren Motivation, Neues zu entdecken.

Vor dem Hintergrund der **Zugehörigkeit** trägt der Austausch mit anderen Schülern und der Lehrkraft dazu bei, ein gemeinsames Gefühl zu schaffen, das für das Wohlbefinden innerhalb der Gemeinschaft als Bestandteil des Lernens gilt.

Um Lernen nachhaltig zu ermöglichen und als einen lebensbegleitenden Prozess zu gestalten, in dem sich der Mensch bis ans Ende seines Lebens mit seiner Welt auseinandersetzt, ist die Berücksichtigung dieser Faktoren unabdingbar.

Innerhalb des Unterrichts kann die Motivation der Schüler durch verschiedene Motivationstechniken angeregt werden:

Motivationstechniken im Unterricht:

- Schaffen Sie eine Motivationsgrundlage. Ein spannender Start in das gewählte Unterrichtsthema erleichtert den Zugang.
- Schaffen Sie klare Strukturen und besprechen Sie das Ziel der Lerneinheit mit Ihren Schülern.
- Formulieren Sie für den Lernprozess kurzfristige Arbeitsziele, an denen sich die Schüler orientieren können.
- Schätzen Sie die Leistungen Ihrer Schüler wert und sprechen Sie Lob aus.
- Gestalten Sie den Unterricht so, dass er die Neugier Ihrer Schüler weckt.
- Versuchen Sie, in Ihren Erklärungen zum Sachverhalt einen Lebensweltbezug herzustellen.
- Gestalten Sie Ihre Unterrichtsmethoden spielerisch und verwenden Sie Simulationen.
- Behalten Sie bei der Ausgestaltung Ihrer Lernmethoden das Klima der Klasse im Blick und greifen Sie, falls nötig, ein.

Die Freiarbeit befördert innerhalb des Waldorfkonzepts ebendiese motivationalen Strukturen, die für die Gestaltung des Lernprozesses wichtig sind. Sie löst das zentrale Problem des schulischen Lernens. Hier erarbeiten die Schüler Aufgaben, für die sie sich selbst entschlossen haben, weshalb sie mit Neugier und Freude an der Lösung der Aufgabe arbeiten. Im Rahmen der Freiarbeit sollte die Lehrkraft darauf achten, Lernprozesse so zu gestalten, dass die gestellten Aufgaben der Leistungsfähigkeit der Schüler entsprechen.

Bewertungen der Leistungen und Lernmotivation in Form von Zensuren werden dabei als besonders bedrohlich befunden. Soziale Vergleichsprozesse mindern die intrinsische Motivation und führen in der Konsequenz zur Behinderung des Lernfortschritts. Der Streit um das Für und Wider von Zensuren innerhalb des Bildungssystems entfacht daher in den letzten Jahren immer wieder. Innerhalb des Konzepts der Waldorfpädagogik steht der Verzicht auf Ziffernoten in einer langen Tradition. Auf Bundesebene haben sich daher bereits einzelne Schulen, insbesondere Grundschulen, auf den Weg gemacht, um Erfahrungen mit veränderten Formen der Leistungserbringung und Leistungsrückmeldung ohne Zensuren zu sammeln.

Um Leistungen möglichst feindiagnostisch zu erfassen und zu bewerten, wird eine breite Form an Mitteln für die Beurteilung benötigt. Ist die Ermittlung des Lernfortschritts zu einseitig, wird die Leistung nur einseitig betrachtet. Gerade praktische und kooperative Fähigkeiten können dann nur noch schwierig erfasst werden. Sollen alternative Formen der Leistungsbeurteilung ergriffen werden, kommen dabei die nachfolgenden Formen infrage:

- Portfolios

Portfolios

Mithilfe von Portfolios können Leistungen breit erfasst werden. Sie eignen sich vor allem für die Beurteilungen von Fähigkeiten im praktischen Bereich. Zudem machen sie ein Gesamtprodukt am Ende einer Lerneinheit sichtbar.

In der Umsetzung sammeln Schüler bei dieser Form der Bewertung über einen längeren Zeitraum Ergebnisse, die für das Lernziel, was aktuell bearbeitet wird, relevant sind. Betrachtet man den Aufbau, kann von der Lehrkraft ein Inhaltsverzeichnis erstellt werden, anhand dem die Ergebnisse einsortiert werden können. Für die Übersicht ist es wichtig, die Struktur der Mappe einfach und übersichtlich zu halten, damit sich die Kinder gut daran orientieren können. Durch die Ansammlung der Arbeitsergebnisse können Lücken transparent gemacht werden, woraus sich Ziele und Maßnahmen ergeben, die für die Aufarbeitung der Lücken relevant sind.

- Selbstbeurteilung

Selbstbeurteilung

Die Selbstbeurteilung trägt dazu bei, dass Schüler effektiver und motivierter lernen. Hierzu müssen die Lernziele durch die Lehrkraft klar definiert sein. Die Bewertung der eigenen Leistung trägt unter anderem dazu bei, dass die Aufmerksamkeit des Schülers auf die Struktur seiner Lernprozesse gelenkt wird. In der Umsetzung verfolgt die Selbstbeurteilung das Ziel, das Lernen besser zu gestalten. Damit die Selbstbeurteilung gelingen kann, sollte sie von der Lehrkraft von Beginn an trainiert werden. Dabei können verschiedene Methoden genutzt werden:

- **Störstellanalysen**: Hierbei werden die eigenen Fehler langfristig dokumentiert und analysiert. Über die Zeit führt dies dazu, dass anfängliche Fehler vermindert werden. Durch die Erfassung der Fehler werden Schüler für die Feststellung von Fehlern sensibilisiert. Im Kontext der anschließenden Klassifizierung werden die Ursachen untersucht. Das führt in der Folge zur Ausbildung von Maßnahmen, die Fehler vermeiden.
- **Lerntagebücher**: Lerntagebücher erfassen die Lernfortschritte und Probleme, die im Verlauf des Lernprozesses entstehen. Auf der Grundlage des Tagebuchs erfolgt dann im Anschluss der Austausch mit den Lehrkräften.
- **Selbst- und Fremdbeurteilung**: Bei der Selbst- und Fremdbeurteilung erfolgt die Kommunikation über die Leistungen durch den Abgleich der eigenen Beurteilungen mit den Beurteilungen der Lehrkraft. Die Reflexion soll im Anschluss dazu führen, dass Maßnahmen zur Fehlervermeidung abgeleitet werden können.

➢ Kooperativ erbrachte Leistungen

Kooperativ erbrachte Leistungen
Mit kooperativ erbrachten Leistungen werden die innerhalb einer Gruppe erbrachten Arbeitsergebnisse bewertet. Hierbei sollte die Lehrkraft darauf achten, dass zwischen den Mitgliedern einer Gruppe keine Konkurrenz entsteht. In den Arbeitsphasen sollte die Lehrkraft die Gruppen genau beobachten, um einschätzen zu können, welche Leistungen von welchen Gruppenmitgliedern erbracht wurden. Alternativ besteht die Möglichkeit, nur ein Gruppenmitglied für das Vortragen der Ergebnisse herauszugreifen, sodass die Bewertung erleichtert wird.

➢ Verbalzeugnisse oder Lernentwicklungsbericht

Verbalzeugnisse oder Lernentwicklungsbericht
Verbalzeugnisse sind ein förderdiagnostisches Element, die der Rückmeldung von Leistungsergebnissen dienen. Durch die Umschreibung der Leistungen in schriftlicher Form können in die Bewertung mehrere Aspekte einbezogen

werden. Dabei können Verbalzeugnisse neben Fachleistungen auch Informationen über den Lernprozess sowie die persönliche Entwicklung des Schülers liefern. Darüber hinaus hat die Lehrkraft die Möglichkeit, Anregungen zu möglichen Verbesserungen zu äußern. Ein Vergleich mit anderen Schülern ist hier nicht gewünscht. Erfolgt die Bewertung von Verbalzeugnissen nach festen Kriterien und Regeln, gewährleistet dies die Vergleichbarkeit von Leistungen.

➢ Pensenbuch oder Lernzielkatalog

Pensenbuch oder Lernzielkatalog
Im Rahmen eines Pensenbuchs oder Lernzielkatalogs werden anhand von detaillierten Listen von altersangemessenen Zielen die fachlichen und überfachlichen Kompetenzen erfasst. In den unterschiedlichen Spalten wird aufgezeichnet, welche Lernziele bereits erreicht wurden. So wissen die Schüler transparent, in welchen Bereichen noch Verbesserungen erzielt werden sollten.

Dabei führt der Lehrer einmal im Schuljahr Einzelgespräche mit dem jeweiligen Schüler und dessen Eltern, um den Leistungsstand und die Lernfortschritte zu besprechen. Anhand der erreichten Ziele wird dann gemeinsam besprochen, welche Verbesserungsmöglichkeiten hieraus abgeleitet werden können. Am Ende eines jeden Schuljahres teilt die Lehrkraft jedem Schüler das Pensenbuch aus, worin sich Anmerkungen und Eintragungen der Lehrperson zu den einzelnen Lernzielen finden.

Beispiel für ein Pensenbuch:

Pensenbuch		
	Erreichung des Lernziels	
Sport und Bewegung	**S – Schüler**	**L – Lehrer**
Ich turne und spiele aktiv mit.	☐	☐
Ich halte mich an Regeln.	☐	☐
Ich kann verlieren.	☐	☐
Das kann ich besonders gut:		
Musik		
Ich kann mich nach einer Notation orientieren.	☐	☐
Ich höre bei Musikbeispielen zu.	☐	☐
Ich singe, tanze und bewege mich aktiv.	☐	☐

Ich kann eine Melodie nachsingen.	☐	☐
Arbeits- und Sozialverhalten		
Ich halte Regeln ein.	☐	☐
Ich verhalte mich rücksichtsvoll.	☐	☐
Ich bin hilfsbereit.	☐	☐
Ich gehe pfleglich mit Material um.	☐	☐
Ich höre anderen aufmerksam zu.	☐	☐
Ich lasse andere ausreden.	☐	☐
Ich halte meinen Arbeitsplatz sauber.	☐	☐

Anmerkungen:
In der linken Spalte werden Lernziele angeführt. In den Spalten ‚S‘ und ‚L‘ können erreichte Lernziele erfasst werden. Die Spalte ‚S‘ ist dabei für Schüler vorgesehen und wird unter der Spalte ‚L‘ von der Lehrkraft durch Ankreuzen bestätigt.

➢ Schülersprechtag

Schülersprechtag
Der Schülersprechtag kann als Ergänzung zum Verbalzeugnis eingesetzt werden. Er soll die Schüler darüber informieren, wie ihre Leistungsfähigkeit von Lehrkräften eingeschätzt wird. In ihrem Vorgehen erfassen Schüler an Schülersprechtagen anhand eines Leitfadens Ergebnisse der Selbstbeurteilung schriftlich und kommentieren sie mit entsprechenden Vorsätzen hinsichtlich ihres Verbesserungsvorsatzes. Dieser wird dann im Anschluss durch die Lehrkraft kommentiert.

Leitfaden für den Schülersprechtag:
Lehrer stehen Schülern am Schülersprechtag für zwei Stunden für gemeinsame Gespräche zur Verfügung. Schüler haben in diesem Zusammenhang die Möglichkeit, Rückfragen zu ihren Leistungen zu stellen und um eine Einschätzung des Lernverhaltens zu bitten. Hierbei soll es nicht um eine Diskussion, sondern um das bloße Zuhören und Mitschreiben gehen.
Im Anschluss sollten Schüler das Besprochene in einem Bericht schriftlich festhalten. Dabei können sie sich an den folgenden Fragestellungen orientieren:

- Wie werden meine Leistungen bisher eingeschätzt?
- Welche Stärken habe ich?
- Welche Schwächen habe ich?
- Wie wird mein bisheriges Lernverhalten bewertet?
- Habe ich Tipps bekommen? Wenn ja, welche?
- Welche Meinung habe ich zu den Verbesserungsvorschlägen?
- Wie will ich mich zukünftig verbessern?

Nachdem die besprochenen Sachverhalte vom Schüler verschriftlicht wurden, werden diese dem Lehrer/ den Lehrern ausgehändigt. Dieser wiederum bezieht Stellung. Die ausgefertigte Stellungnahme wird dann in das eigene Portfolio des Schülers aufgenommen.

Alternative Formen der Leistungsbewertung eignen sich aus dem erziehungswissenschaftlichen Blickwinkel durchaus als Ersatz zu herkömmlichen Notenzeugnissen. In Regelschulen werden sie jedoch aufgrund der gesetzlichen Vorgaben und Regularien nur ergänzend verwendet, um Zensuren detailreicher zu erläutern. An Institutionen wie sonderpädagogischen Schulen sowie in reformpädagogischen Einrichtungen erfolgt die Bewertung frei von Zensuren und Ziffernbenotungen, woraus sich nachweislich positive Auswirkungen auf die Leistungsbereitschaft ergeben.

Persönliche Beziehungen und Reflexionsräume gestalten

Die Waldorfpädagogik setzt bei der Vermittlung von Wissensinhalten auf den Aufbau von persönlichen Beziehungen. Jeder Lernprozess basiert daher auf der Beziehung zwischen Schüler und Lehrer. Aus diesem Grund sieht die Waldorfpädagogik vor, dass Klassenlehrer Schüler im Schnitt acht Jahre begleiten. Auf diese Weise ist ein stabiler Bindungsaufbau möglich, der es dem Schüler ermöglicht, eine Vertrauensbasis aufzubauen. Die Lehrkraft kann aufgrund der langen Zusammenarbeit Schülerkompetenzen und Bedürfnisse besser abschätzen, da beide einander für einen langen Zeitraum begleiten. In der Beziehung zwischen Schüler und Lehrer besteht der zentrale Faktor in seiner Autorität.

Autorität in der Waldorfpädagogik

Mit dem Begriff der Autorität ist nicht gemeint, dass der Klassenlehrer strikt vorgibt, was Schüler zu tun haben. Vielmehr geht es darum, dass der Klassenlehrer mit gutem Beispiel vorangeht, sodass sich die Schüler an ihm orientieren können. Dabei ist die Autorität eines jeden Lehrers sowohl durch sein fachliches Wissen als auch durch das vorhandene Vertrauen in der Beziehung zwischen Schüler und Lehrer definiert.

In der Beziehung zwischen Schüler und Lehrer ist es daher wichtig, dass das Wesen des Kindes erfasst und Lernmaterialien entsprechend dem Wesen ausgerichtet werden. Aus dieser Sicht auf das Kind ergeben sich Chancen sowohl für den Lehrer als auch für die Schüler. Basierend auf der Beschäftigung mit dem Schüler soll der Lehrer die Rahmenbedingungen sowie die passende Lehrmethode ablesen, um seinen Unterricht entsprechend anpassen zu können. Damit wird die Lehrkraft zu einem Teil einer dynamischen Entwicklung im Verlauf des kindlichen Heranwachsens. Erziehung erfolgt vor dem Hintergrund dieses Kontexts auf der Grundlage von Beziehungen. Aus diesem Grund beschreibt sich die Waldorfpädagogik in ihrem Selbstverständnis häufig auch als Beziehungspädagogik.
Neben der Beziehung zum Kind ist die persönliche Beziehung zu den Eltern unweigerlicher Bestandteil einer gelingenden Pädagogik im Sinne von Rudolf Steiner. Der Lehrer übernimmt im Kontakt mit den Eltern die Aufgabe, über die Entwicklung und den Leistungsstand der Kinder zu berichten. Zudem hilft die Elternschaft im Rahmen des schulischen Alltags dabei, das in der Schule Vermittelte weiterzutragen.

Treten innerhalb des Unterrichts dennoch Störungen oder Probleme auf, besteht die Möglichkeit, dass betroffene Schüler sich in Reflexionsräume zurückziehen.

Reflexionsräume
Reflexionsräume bieten Schülern die Möglichkeit, die jeweilige Situation aus eigener Sicht zu schildern. Hierbei können sie das Gespräch mit einer neutralen Person suchen, um die Situation aus ihrer eigenen Sicht und der Sicht der Lehrkraft von außen zu betrachten. Dabei lernen Schüler, zu entdecken, was sie bei einer wiederholt auftretenden Situation besser machen können. Außerdem lernen sie, wie sie mit möglichen Ungerechtigkeiten besser umgehen können, ohne dabei zu impulsiv zu reagieren und anderen Personen damit zu schaden.

Das Prinzip der Reflexionsräume wird nebstdem auch für den Bereich der Bewertung von Leistungen umgesetzt. Anstatt Zensuren zu vergeben, werden beispielsweise durch den Einsatz von Selbst- und Fremdbewertungen die

Kompetenzen eingeschätzt und gemeinsam reflektiert. Hierdurch werden Schüler unterstützt, ihre Lernschwierigkeiten zu entdecken und anzugehen.

Auch für Lehrer bieten Reflexionsräume Möglichkeiten, um den Alltag mit den Schülern zu entlasten. Störungen können durch Reflexionsräume verlagert und nachhaltig bearbeitet werden. Durch die räumliche Verlagerung ist der Umgang auf professioneller Ebene möglich, sodass Störungen innerhalb des Unterrichtsgeschehens nicht einfach ignoriert werden müssen, wenn sie sich nicht beheben lassen. Lehrkräfte können innerhalb des Unterrichts somit wirksame Grenzen setzen und pädagogisch unterstützen. Durch das anschließende Gespräch mit einer neutralen Person kann der Konflikt konstruktiv bewältigt werden, ohne dass lernhinderliche Probleme die Beziehung zwischen Schüler und Lehrkraft belasten.

Ablauf eines Reflexionsraumbesuchs:
Unterrichtsstörungen durch Schüler oder Schülerin durch zum Beispiel störendes Verhalten, Handynutzung, Verstoß gegen allgemeine Regeln der Unterrichtsgestaltung oder Ähnliches führen zu Folgendem:
- Verlassen des Unterrichtsraums sowie Aufsuchen des Reflexionsraums.
- Je nach Regelung der Institution erhält der Schüler einen sogenannten Laufzettel, den er im Reflexionsraum vorlegen kann.
- Innerhalb des Reflexionsraums warten geschulte Fachkräfte, um die Schüler zu betreuen.
- Gemeinsam mit den Fachkräften haben Schüler im Anschluss die Möglichkeit, die jeweilige Unterrichtssituation aufzuarbeiten.
- Nach dem Gespräch kann der Schüler den Auftrag erhalten, das Erlebte zu verschriftlichen, um sein Fehlverhalten oder die Situation zu reflektieren.

Im Anschluss kann der Schüler zurück in den Klassenverband und wieder am Unterricht teilnehmen.

Kommunikation: Lernbegleiter geben respektvoll Strukturen vor und respektieren Grundbedürfnisse

Im Rahmen der Waldorfpädagogik basiert das Lehren und Lernen neben anderen Schwerpunkten auch auf der Kommunikation zwischen Schülern und der Lehrkraft. Hierbei geht es darum, dass Lehrer innerhalb der gestellten Aufgaben einen konkreten Rahmen vorgeben, in dem sich die Schüler ihr Wissen aneignen können. Sie geben den Schülern somit einen sicheren Ort, an dem sie sich ohne Leistungs- und Konkurrenzdruck gesund entwickeln. Die Ausgestaltung erfolgt dabei von der Lehrkraft individuell unter Berücksichtigung der kindlichen Bedürfnisse. Auf dieser Grundlage wird der Individualität des Kindes auf drei Ebenen Beachtung geschenkt:

- physisch,
- emotional sowie
- geistig.

Der Individualität der Grundbedürfnisse des Kindes wird im Kontext der Waldorfpädagogik auch durch den breiten Fächerkanon entsprochen. Bei der Ausgestaltung der Fächer werden sowohl kreative als auch soziale, praktische und künstlerische Fähig- und Fertigkeiten berücksichtigt. Da die Vermittlung der Unterrichtsinhalte in unterschiedlichen Unterrichts-, Arbeits- und Präsentationsformen erfolgt, wird den unterschiedlichen Bedürfnissen der Schüler entgegengekommen. Innerhalb der Darbietung der Lerninhalte soll das Kind in seiner Eigentätigkeit gefördert werden. Die Ausgestaltung der Inhalte sollte innerhalb des Lernprozesses von der Lehrkraft daher immer leistungsheterogen gedacht und angelegt sein.

Das Tun kommt vor dem Verstehen: Die Trickkiste der Unterrichtseinstiege

Der Einstieg in den Unterricht bietet ein enormes Potenzial: Er kann

- die Lernbereitschaft der Schüler aktivieren,
- die Schüler neugierig machen, Neues zu entdecken und zu lernen, und
- sie motivieren, sich eigenständig auf Entdeckungsreise zu begeben.

Somit können Unterrichtseinstiege, wenn sie gelingen, den Schülern Lust auf den Unterricht machen und das Ankommen in der Schule erleichtern. Sie wecken die Lernbereitschaft und befördern damit die Leistungsfähigkeit. Damit der Einstieg in den Unterricht gelingt, müssen Schüler dort abgeholt werden, wo sie stehen. Neben der Wahl des Themas sollte die passende Methode für die Lerngruppe bestimmt werden, hierbei sollte immer auch die sich ergebende Gruppendynamik im Blick behalten werden, sodass die Grundbedürfnisse der einzelnen Schüler Berücksichtigung finden. Bei der Wahl der Thematik sollte den Fähig- und Fertigkeiten sowie den individuellen Stärken und Schwächen der Schüler entsprochen werden. Für die Lehrkraft ist es innerhalb heterogener Lerngruppen daher wichtig, einen gemeinsamen Nenner für alle Schüler zu finden.

Tipps vor dem Start:

Vor dem Beginn des Unterrichts formulieren Lehrkräfte die konkreten ‚Spielregeln', damit sie diese entsprechend bei den Schülern vertreten können.

- Zudem sollte bedacht werden, ob es innerhalb der Lernsituation Rollen gibt, bei denen die Schüler aktiv einzubinden sind (zum Beispiel als Moderator, Protokollant etc.).
- Darüber hinaus sollte die Lehrkraft die Aufgabenstellung auf Zeit lösen, um eine realistische Zeitvorgabe für die Schüler abzuschätzen.
- Innerhalb der Vorlagen sollten die Arbeitsanweisungen übersichtlich, klar, verständlich und knapp gestaltet sein, sodass sie für alle Schüler verständlich sind. Bei Bedarf kann mit Bildern gearbeitet werden.

Ist der Einstieg in den Unterricht durchdacht, kann dies die Wirkung der Unterrichtseinheit verstärken. In der Strukturierung kann der Unterrichtseinstieg dabei immer gleich ablaufen:

Allgemeine didaktische Kriterien für einen handlungsorientierten Einstieg in den Unterricht:

- Orientierungsrahmen
- zentrale Aspekte beleuchten
- Vorverständnis erzeugen
- Disziplinierung
- handelnder Umgang mit dem zu bearbeitenden Thema

Orientierungsrahmen schaffen:

Der Orientierungsrahmen zielt darauf ab, Schülern einen Überblick über das Thema zu verschaffen und einen Überblick über die anstehenden Themen zu vermitteln. Dieses Vorgehen soll die Schüler dabei unterstützen, sich besser auf das Thema einstellen zu können und den Unterricht, wenn möglich, mitzugestalten.

Zentrale Aspekte:
Durch das Aufzeigen der relevanten Punkte im Vorfeld der Ausgestaltung der Lerneinheit können sich Schüler besser auf das bevorstehende Thema vorbereiten. Zudem können die zentralen Aspekte dazu beitragen, dass das Interesse für bestimmte Schwerpunkte der Thematik geweckt werden.

Vorverständnis:
Bei der Aktivierung des Vorverständnisses soll das bereits vorhandene Wissen mit dem neuen Wissen in Verbindung gebracht werden. Auf diese Weise können Schüler lernen, Denkmuster zu durchbrechen und ihr Wissen sinnvoll zu verknüpfen.

Disziplinierte Arbeitshaltung herstellen:
Bei der Disziplinierung geht es nicht darum, Schüler zu maßregeln, sondern vielmehr beabsichtigt sie einen durchdachten Einstieg in das Thema durch die Lehrkraft. Hierdurch wird auch bei den Schülern eine strukturierte Haltung gegenüber dem Lernmaterial hergestellt. So können Schüler beispielsweise innerhalb dieser Phase themenbezogene Fragen stellen.

Handelnder Umgang mit dem neuen Thema:
Der handelnde Einstieg in ein Thema soll die Schüler dazu aktivieren, in das selbstständige Tun überzugehen.

Bei den Einstiegstypen unterscheidet der handlungsorientierte Unterricht drei potenzielle Möglichkeiten, um einen Unterricht sinnvoll zu beginnen:

Einstiegstypen	**Einstiegsmethoden**
Einstieg über eine konkrete Wissenslücke	- Fantasiereise - Demonstration - Film - Kontraste - Exkursion - Rätsel - Simulation - Experiment - ...
Einstieg über einen Widerspruch	- Gegenüberstellung von Pro- und Kontra-Argumenten - Interessenkonflikt innerhalb eines Rollenspiels - Interview, das verschiedene Haltungen widerspiegelt - Karikatur - Comic - ...
Einstieg über die Komplexität eines Sachverhalts	- Rollenspiel - Planspiel - Bilder - Betriebsbesuch - kurze Videoausschnitte in Form von Erklärvideos - Partnerinterview - ...

Einstieg auf Basis einer Wissenslücke

An einem Beispiel kann der Einstieg des handlungsorientierten Unterrichts auf Basis einer Wissenslücke zum Thema „Ritter im Mittelalter“ zum Beispiel mithilfe der *ABC-Listen-Methode* erfolgen.

ABC-Listen-Methode:

Bei der ABC-Listen-Methode werden, geordnet nach dem Alphabet, Begrifflichkeiten rund um die Thematik auf einem Arbeitsblatt gesammelt und im Anschluss im Plenum zusammengetragen.

Beispiel – ABC-Liste:

Thema: „Ritter im Mittelalter“	
A Adel, Amtmann	**N**
B Burg	**O** Orden
C Codex calixtus	**P** Pest, Pfahlbürger
D Dreifelderwirtschaft	**Q**
E	**R** Ritter, Reichslehen
F Feudalismus	**S** Strafen, Stadtgründungen
G Grundherrschaft	**T** Trippen, Turnier
H Hufe, Handlohn, Hofämter	**U** Universitäten
I Investiturstreit	**V** Vasall
J Junker	**W** Wappen, Wegezoll
K Katapult, Kerker	**X**
L Landfrieden, Landsknechte, Langbogen, Lehen	**Y**
M Minne, Mühlen, Marktrecht	**Z** Zehnt, Zunft, Zisterzienser

Arbeitsanweisung:
Arbeite mit deinem Partner zusammen. Sammelt gemeinsam Begriffe, die zum Thema passen. Ihr habt 10 Minuten Zeit.

Nach Ablauf der Zeit setzt ihr euch mit einer weiteren Gruppe zusammen und tauscht euch über die Begriffe aus. Erstellt eine Collage und verbindet Begriffe, die miteinander zusammenhängen, sinnvoll. Ihr habt 30 Minuten Zeit.

Nachdem der Einstieg in den Unterricht gelungen ist, kann die ABC-Listen-Methode im weiteren Vorgehen wie folgt von der Lehrkraft strukturiert werden:

Auf einen Blick:

Unterrichtsstrukturierung bei Einstieg über eine Wissenslücke

Didaktik

- Vorhandenes Vorwissen wird zum Themeneinstieg im Rahmen von Kleingruppen gesammelt
- Zusammentragen der gesammelten Begriffe in Form von Collagen
- Vortrag der Gruppenergebnisse
- Lehrkraft: Fasst die wichtigsten Begriffe in einer Lernübersicht an der Tafel zusammen, sodass alle über eine einheitliche Übersicht für den Themeneinstieg verfügen
- Optional: Themengebiete, die im Rahmen des Themas behandelt werden, können farblich hervorgehoben werden

Methodik

- ABC-Listen-Methode für jeweils zwei Teilnehmer
- Hinweis: Nicht jeder Buchstabe muss ausgefüllt werden!
- Vergleich der Listen in Vierergruppen
- Ausarbeitung der Ergebnisse in Präsentationsformen, wie beispielsweise einer Collage
- Im Nachgang: Ergebnisse werden in einem gemeinsamen Tafelbild gesammelt
- Zeit für Rückfragen zu den gesammelten Begriffen einräumen
- gegebenenfalls Einheit mit einer Rittergeschichte aus dem Mittelalter abschließen

Tipps

- Die Einschränkung des Themas kann sinnvoll sein
- Zeitvorgaben im Vorfeld festlegen

gegebenenfalls Material auslegen, an dem sich Schüler bedienen können, sodass alle Kinder die gleiche Chance für die Erledigung der Aufgabe erhalten (unabhängig vom jeweiligen Kenntnisstand)

Einstieg auf Basis eines Widerspruchs

Ist der Einstieg über einen Widerspruch vorgesehen, kann er mithilfe des handlungsorientierten Unterrichts am Beispiel „Klimawandel“ mithilfe einer Karikatur erfolgen:

„Extreme Wetterlagen gab es schon immer, für einen menschengemachten Klimawandel gibt es keinen wissenschaftlichen Beweis!"

Der inhaltliche Einstieg in das Thema „Klimawandel – Lässt sich die Erderwärmung noch stoppen?" kann von der Lehrkraft anhand des Beispiels entsprechend wie folgt gestaltet werden:

Auf einen Blick:

Unterrichtsstrukturierung bei Einstieg über einen Widerspruch

Didaktik

- Um den Einstieg ins Thema zu finden, kann eine vielseitig diskutierte Aussage über den Klimawandel unkommentiert in das Plenum gegeben werden. Hier eignet sich beispielsweise eine Formulierung wie

„Wir Menschen haben kaum einen Einfluss auf die Veränderungen des Klimas. Außerdem ist doch die Sonne an den Veränderungen schuld. Klimaforscher machen nur Panik."

- Didaktisch kann das Thema im Anschluss an die Betrachtung der Karikatur durch ein Brainstorming gestaltet werden.
- Dabei werden die Ideen zum Stichwort „Klimawandel" wertungslos gesammelt und auf einer Tafel oder Ähnlichem für alle gut sichtbar zusammengetragen.
- Im Anschluss können Zusammenhänge und Strukturen zwischen den benannten Ideen hergestellt werden.

Methodik
- Um die Schüler aktiv in die Sammlung erster Assoziationen einzubinden, kann es sinnvoll sein, einen Moderator sowie einen Protokollanten zu bestimmen, der die benannten Stichworte verschriftlicht.
- Der Moderator überwacht derweil die Einhaltung der Regeln, aktiviert die Klassenkameraden zur Wortmeldung und sortiert die Reihenfolge der Wortmeldungen.
- Im nächsten Schritt werden die Methode des Brainstormings und die damit verbundenen ‚Spielregeln' kurz erläutert, um sicherzustellen, dass alle Schüler die Methode kennen und anwenden können.
- Auftauchende Fragestellung zur Thematik können parallel auf einer Folie am Overhead-Projektor gesammelt werden. Auch hierzu kann ein Schüler benannt werden, der die Fragen sammelt.
- Für die Sammlung der Fragen kann die Lehrkraft Karteikarten ausgeben, auf denen Schüler Fragen zum Thema formulieren können. Die so gesammelten Fragen können in die spätere Unterrichtsgestaltung einfließen. So ist sichergestellt, dass die individuellen Interessenbereiche der Schüler Berücksichtigung finden.

Spielregeln
- Grundsätzlich gilt: Jede Idee ist erwünscht! Je ausgefallener, desto besser!
- Richtig oder falsch existiert (zunächst) nicht.
- Während der Äußerungen und der Phase des Brainstormings darf keine Kritik an den Äußerungen der Mitschüler geäußert werden.

Tipps
- Beim Einstieg in das Thema können Gedankenanstöße helfen, die Aktivität der Schüler anzustoßen.
- Die Problemstellung sollte aus der Formulierung der Thematik klar werden.
- Ideen werden erst nach Abschluss der Ideensammlung bewertet.

Brainstorming:
Die Methode des Brainstormings umschreibt eine Methode, die sich für die Arbeit in der Gruppe oder im Plenum der Klasse eignet. Es geht dabei um die ungefilterte Ideenfindung, bei der alle Teilnehmer kreativ ihre Assoziationen mit der Thematik äußern können. Die Ideen werden dabei wertungslos zusammengetragen und erst zum Schluss vor dem Hintergrund der Thematik ausgewertet.

Einstieg auf Basis eines komplexen Sachverhalts

Soll der Einstieg über die Komplexität eines Sachverhalts gefunden werden, kann dabei beispielhaft eine Betriebsbesichtigung genutzt werden. Am Beispiel „Weinherstellung" könnte ein möglicher Unterrichtseinstieg wie im nachfolgenden Beispiel gestaltet werden.

Auf einen Blick:
Unterrichtsstrukturierung bei Einstieg über die Komplexität

Didaktik
- Da der Betrieb sich und seinen Handlungsschwerpunkt selbst vorstellt, ist eine umfassende didaktische Planung nicht möglich.
- Im Vorfeld der Besichtigung kann jedoch von der Lehrkraft Rücksprache mit dem jeweiligen Betrieb gehalten werden, welche Schwerpunkte im Rahmen der Besichtigung aufgegriffen werden, sodass die Themen entsprechend innerhalb des Unterrichts zum Beispiel in Form von Filmpräsentationen oder Ähnlichem als Vorbereitung thematisiert werden können.
- Zudem sollten mit der Klasse im Vorfeld ‚Spielregeln' für den Besuch des Betriebs besprochen werden:
  - o Was ist erlaubt?
  - o Was ist verboten?
  - o Welche Verhaltensweisen sind angebracht?
  - o Welche Verhaltensweisen sind unangebracht?

Methodik
- Im Vorfeld der Betriebsbesichtigung nimmt die Lehrkraft Kontakt mit dem jeweiligen Betrieb auf.
- Sie schildert die Zielvorstellungen, gibt, wenn nötig, Hintergründe über die Heterogenität der Lerngruppe.
- In diesem Rahmen hat der Betrieb die Möglichkeit, Besichtigungsschwerpunkte zu erläutern und Informationen über den Betrieb zu vermitteln.
- Vorbereitend auf den Besuch im Betrieb kann ein Arbeitsblatt an die Schüler ausgehändigt werden. Hierauf sollten Fragen zum Betriebsbesuch enthalten sein, die von den Schülern im Nachgang oder, falls das Einverständnis des Betriebs vorliegt, während der Führung beantwortet werden dürfen.

Durchführung
- Bei der Durchführung kann sich die Lehrkraft im Hintergrund halten und das Lernverhalten beobachten.
- Sie stellt sicher, dass die im Vorfeld vereinbarten Spielregeln eingehalten werden.
- Zudem kann bei der Beantwortung der Fragestellungen unterstützt werden.

Nachbereitung
- Im Nachgang kann das im Vorfeld ausgehändigte Arbeitsblatt besprochen werden.
- Zudem sollte die Lehrkraft ein Dankesschreiben an den Betrieb richten und sich im Namen der Klasse für die Führung durch den Betrieb bedanken.

Einstieg mithilfe der Leittextmethode

Eine Methode, mit der ein handlungsorientierter Einstieg in ein Thema grundsätzlich immer gelingt, ist die Leittextmethode.

Leittextmethode:
Die Leittextmethode wird zur Anleitung von selbstständigen Lernprozessen eingesetzt. Die Grundidee besteht dabei im selbstgesteuerten Lernen der Schüler, die durch Unterweisungsunterlagen ein bestimmtes Thema im aktiven Tun erarbeiten. Die Arbeitsanleitung wird dabei von den Lehrkräften verfasst.
Die Arbeitsunterlagen enthalten daher
- Leitfragen,
- Informationsmaterial,
- Literaturhinweise und

- Arbeitsanweisungen.

Die Leitfragen übernehmen im Rahmen der Leittextmethode die Aufgabe, den Lernenden während des Wissenserwerbs anzuleiten und zum Nachdenken über spezifische Zusammenhänge anzuregen.

Während der Umsetzung folgt die Leittextmethode dabei immer sechs standardisierten Schritten.

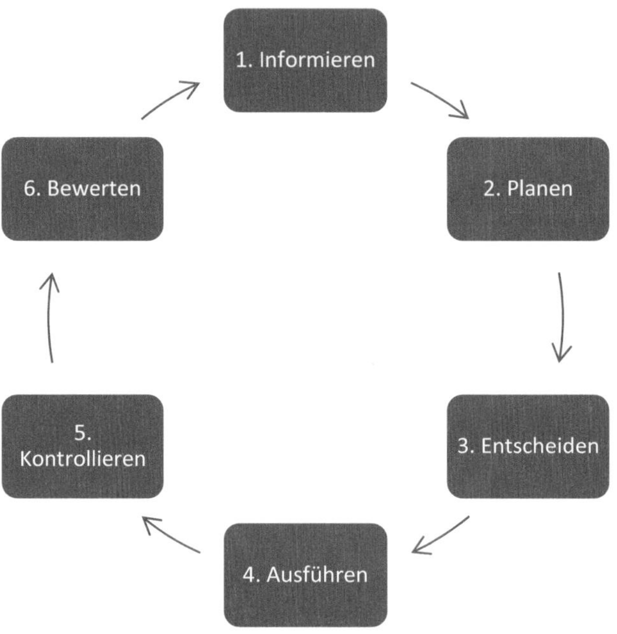

➢ **Informieren:** Im ersten Schritt des Informierens geht es um die selbstständige Beschaffung von Informationen zur jeweiligen Thematik. Methodisch wird der Lernende dabei von Leitsätzen und Leitfragen unterstützt.

Ziel: Training der Methodenkompetenz, Informationsfähigkeit, Kommunikationsfähigkeit sowie Förderung des selbstständigen Lernens

➢ **Planen:** Im zweiten Schritt sollen Lernende ihren Lernprozess planen. Dazu wird ein Arbeitsplan erstellt, der die einzelnen Arbeitsschritte festlegt, benötigte Arbeitsmittel erfasst, die zeitlichen Ressourcen plant sowie die Arbeitsschritte bei Teamarbeit verteilt. Methodisch wird der Prozess durch einen blanko Arbeitsplan sowie entsprechende Leitfragen unterstützt.

Ziel: Training der Methodenkompetenz, der Planungsfähigkeit sowie des schrittweisen Denkens

➢ **Entscheiden:** Im dritten Schritt der Leittextmethode wir die Planung zusammen mit der Lehrkraft erörtert und der Arbeitsplan entsprechend angepasst. Methodisch wird hierbei die Diskussion in der Gruppe durch die Begleitung der Lehrperson genutzt.

Ziel: Training der Verhandlungsfähigkeit und Teamfähigkeit

➢ **Ausführen:** Die Ausführung erfolgt anhand des Arbeitsplans. Hierzu werden die Arbeitsfragen, die im Vorfeld durch die Lehrkraft formuliert wurden, schrittweise beantwortet.

Ziel: Training der Umsetzungsfähigkeit, Disziplin sowie Problemlösefähigkeit

➢ **Kontrolle:** Die Kontrolle erfolgt anhand des durch die Lehrkraft zusammen mit dem Material ausgehändigten Kontrollbogens.

Ziel: Training der Selbstkontrolle und Selbstkritik

➢ **Bewertung:** Im letzten Schritt werden die Arbeitsergebnisse mithilfe des Fachgesprächs gemeinsam mit der Lehrkraft besprochen, um mögliche Fehler zu erkennen und die Gründe zu verstehen.

Ziel: Training der Bewertungsfähigkeit und Kritikfähigkeit

Soll die Leittextmethode in der Praxis umgesetzt werden, können Lehrkräfte sich an folgenden Vorgaben orientieren:

Auf einen Blick:

Einsatz der Leittextmethode im Unterricht

Didaktik

- Durch die Bereitstellung der verwendbaren Quellen stellt die Lehrkraft den Zugang zu umfassenden Quellen her.
- Hierbei sollen die Schüler dazu befähigt werden, selbstständig Informationen anhand der vorliegenden Materialien zu beschaffen, diese aufzunehmen und

zu verarbeiten. Darüber hinaus sollten sie zur Lösung von komplexen Gesamtzusammenhängen vor dem Hintergrund konkreter Fragestellungen befähigt werden.
- Nach dem Vorgehen der Leittextmethode lernen Schüler sowohl die methodische (theoretische) als auch die praktische Vorgehensweise für eine Problemlösung.
- Zudem lernen sie, mit unterschiedlichen Materialien umzugehen und diese gezielt einzusetzen.

Methodik
- Die Aufgabe der Lehrkraft besteht darin, einen Leittext zu erstellen. Hierbei sollen sinnvolle Aufgabenstellungen verfasst werden, die die Lernenden aufgrund der Verbindung des vorhandenen Wissens mit den zur Verfügung gestellten Informationsquellen bearbeiten können.
- Während der Arbeit mit dem Leittext arbeiten die Schüler den Text durch. Dies sollte zunächst in Einzelarbeit erfolgen.
- Die Ergebnisse können dann im Anschluss in Kleingruppen erarbeitet, vorgestellt und diskutiert werden.

Tipps
- Die Leittextmethode muss im Vorfeld gut und strukturiert von der Lehrkraft vorbereitet werden.
- Die Leittexte sollten nicht zu detailliert ausgearbeitet sein, da sie den Handlungsspielraum andernfalls einschränken.

Organisatorische Hinweise:
Die Lehrkraft sollte die Gruppenbildung übernehmen. Dann wird der Leittext (Anlage 1) zusammen mit den Informationsblättern (Anlage 2 und 3) ausgeteilt. Im Anschluss kann die Situation des jeweiligen Leittexts gemeinsam gelesen werden. In diesem Schritt sollten den Schülern bereits erste Rückfragen zum Text gewährt werden, um sicherzustellen, dass alles verstanden wurde.
Die Ausarbeitung der Leitfragen sollte im Anschluss zunächst schriftlich erfolgen. Für die Bearbeitung werden ausgewählte Informations- und Bearbeitungsmaterialien zur Verfügung gestellt, die von den Schülern nach Wahl genutzt werden können.
Zeitvorgabe: Die Zeitvorgabe sollte in Abhängigkeit zum Leittext gewählt werden, für eine angemessene Komplexität der Methode wird ein Zeitraum von 60 Minuten für die Bearbeitung empfohlen.

An einem konkreten Beispiel für die Ausgestaltung eines Unterrichtsthemas soll die Leittextmethode an dieser Stelle näher erläutert werden. Wird die Leittextmethode auf das Beispiel „Die Grundrechte des Menschen" übertragen, kann die Ausgestaltung des Materials entsprechend wie folgt aussehen:

Anlage 1

Leittext zu „Die Grundrechte des Menschen"

Stell dir vor, du arbeitest in einem Restaurant. Dein Kollege kommt aus Marokko und wird deshalb von eurem gemeinsamen Vorgesetzten mit ‚niederen' Aufgaben wie Bodenwischen oder Toilettenreinigen beauftragt, obwohl er wie du als Kellner angestellt ist. Er sucht das Gespräch mit eurem Vorgesetzten.

Die Situation verschärft sich, sodass dein Kollege zukünftig immer wieder mit ausländerfeindlichen Kommentaren von Seiten eures Vorgesetzten konfrontiert wird.

Arbeitsauftrag:

Beantworte die folgenden Fragen:

1. Welche Rechte hat dein marokkanischer Kollege vor dem Grundgesetz?
2. Ist der Tatbestand der Diskriminierung erfüllt?
3. Wo kann er sich Hilfe holen?

Hinweis für die Bearbeitung:

Greife bei der Beantwortung der Fragen auf das zur Verfügung gestellte Informationsmaterial in den Anlagen 2 und 3 sowie das zusätzliche Informationsmaterial im Klassenraum zurück.

➢ Halte dich bei der Bearbeitung der Arbeitsanweisungen an die sechs Schritte der Leittextmethode.

Anlage 2: Auszug Grundgesetz

Die Grundrechte

Art 1

(1) Die Würde des Menschen ist unantastbar. Sie zu achten und zu schützen ist Verpflichtung aller staatlichen Gewalt.

(2) Das Deutsche Volk bekennt sich darum zu unverletzlichen und unveräußerlichen Menschenrechten als Grundlage jeder menschlichen Gemeinschaft, des Friedens und der Gerechtigkeit in der Welt.

(3) Die nachfolgenden Grundrechte binden Gesetzgebung, vollziehende Gewalt und Rechtsprechung als unmittelbar geltendes Recht.

Art 2

(1) Jeder hat das Recht auf die freie Entfaltung seiner Persönlichkeit, soweit er nicht die Rechte anderer verletzt und nicht gegen die verfassungsmäßige Ordnung oder das Sittengesetz verstößt.

(2) Jeder hat das Recht auf Leben und körperliche Unversehrtheit. Die Freiheit der Person ist unverletzlich. In diese Rechte darf nur aufgrund eines Gesetzes eingegriffen werden.

Art 3

(1) Alle Menschen sind vor dem Gesetz gleich.

(2) Männer und Frauen sind gleichberechtigt. Der Staat fördert die tatsächliche Durchsetzung der Gleichberechtigung von Frauen und Männern und wirkt auf die Beseitigung bestehender Nachteile hin.

(3) Niemand darf wegen seines Geschlechtes, seiner Abstammung, seiner Rasse, seiner Sprache, seiner Heimat und Herkunft, seines Glaubens, seiner religiösen oder politischen Anschauungen benachteiligt oder bevorzugt werden. Niemand darf wegen seiner Behinderung benachteiligt werden.

Art 4

(1) Die Freiheit des Glaubens, des Gewissens und die Freiheit des religiösen und weltanschaulichen Bekenntnisses sind unverletzlich.

(2) Die ungestörte Religionsausübung wird gewährleistet.

(3) Niemand darf gegen sein Gewissen zum Kriegsdienst mit der Waffe gezwungen werden. Das Nähere regelt ein Bundesgesetz.

Quelle: https://www.gesetze-im-internet.de/gg/BJNR000010949.html

Anlage 3: Definition Diskriminierung

Diskriminierung:
Mit dem Begriff der Diskriminierung werden Formen von ungerechtfertigter Benachteiligung oder Ungleichbehandlung beschrieben. Hierbei können sowohl Einzelpersonen als auch Gruppen betroffen sein.

Alter, ethnische Herkunft, Religion, sexuelle Orientierung, Weltanschauung oder Behinderungen sind dabei häufig Merkmale, aufgrund derer innerhalb der Gesellschaft eine Diskriminierung durch andere Personen erfolgen kann.

Das Allgemeine Gleichbehandlungsgesetz (AGG) behandelt Diskriminierung im Zusammenhang mit diesen Merkmalen als eine Straftat.

Grundsätzlich sollte für einen Unterrichtseinstieg immer bedacht werden, dass einige Methoden bereits ohne die Erledigung von Arbeitsaufgaben Zeit in Anspruch nehmen. Bei der zeitlichen Gestaltung der unterschiedlichen Angebote sollten daher immer die individuellen Bedürfnisse der Schüler durch die Lehrkraft berücksichtigt werden. Bei komplexeren Themen sollte darauf geachtet werden, dass die Anspannung mit kurzen Pausen oder Bewegungsübungen gelockert wird. Im Hinblick auf die grundsätzliche Veranschlagung von zeitlichen Ressourcen sollten bei der Planung des Unterrichts zudem die folgenden Punkte beachtet werden:

Beispiel für die Verplanung von zeitlichen Ressourcen:

Unterrichtsphase	**Dauer**
Organisation der Gruppen, Tische etc.	5 Minuten
Erklärung des Vorgehens	7 Minuten
Durchführung der Aufgabe	20 bis 30 Minuten
Aufräumen	5 Minuten
Nachbereitung in Gruppen	15 Minuten
Nachbereitung im Plenum	20 Minuten

Lernen erfolgreich gestalten: Die besten Tipps und Methoden

Kinder lernen in unterschiedlichem Tempo. Das bedeutet nicht, dass sie sich weniger anstrengen. Vielmehr haben sie in den meisten Fällen für sich noch nicht die passende Lernstrategie gefunden, die ihnen das Lernen nach ihren individuellen Bedürfnissen ermöglicht.

Um das Lernen besser zu verstehen, kann es hilfreich sein, zu wissen, wie das menschliche Gehirn arbeitet. Dort werden Inhalte sowohl erfasst als auch verstanden und behalten. Unbewusst lernt das menschliche Hirn in allen Zusammenhängen des Lebens. Dabei wird es durch die Bilder unterstützt, die es visuell über das Auge aufnimmt. Die linke Hirnhälfte des Menschen verarbeitet Logisches und Sprachliches, wohingegen die rechte Hirnhälfte für die Verarbeitung von Bildern zuständig ist. Ein optimaler Lernzustand wird daher erreicht, wenn sowohl die linke als auch die rechte Hirnhälfte innerhalb des Lernprozesses arbeiten.

Lernen:
Während des Lernens wird aus Erfahrungen Wissen produziert. Aus diesem Grund entwickelt sich neues Wissen immer auf bereits vorhandenen Erfahrungsräumen. Damit das Wissen sinnvoll eingebunden werden kann, kann es während des Lernens hilfreich sein, Lebensweltbezüge herzustellen.

Damit Lernprozesse im schulischen Alltag funktionieren, sollten daher einige pädagogische Tipps und Methoden Berücksichtigung finden. Ein zentraler Baustein ist hier die Motivation, die das Kind dabei unterstützt, leistungsfähig zu sein. Für Lernerfolge ist die intrinsische Selbststeuerung daher wichtiger als der Grad der Intelligenz.

Der Tag beginnt: Rituale und Abläufe

Die Waldorfpädagogik folgt in ihren Institutionen bestimmten Ritualen und Abläufen, die dem Kind in der Gestaltung des Tages Sicherheit und Halt bieten sollen, sodass es hieraus Kraft schöpfen kann, um den Tag zu bewältigen. Der Tagesablauf gleicht dabei einem Rhythmus von Anspannung und Entspannung, der in seinem Verlauf an die menschliche Atmung erinnert. Gemeint ist die Abwechslung zwischen Phasen des kognitiven Tuns sowie der physischen Bewegung. Den größten Raum nimmt dabei der Rhythmus ein.

Rhythmus:
Rhythmus gilt in allen Institutionen der Waldorfpädagogik als Tagesgestalter. Die rhythmische Wiederholung von einzelnen Elementen schult den Willen und schafft eine stabile Tagesstruktur innerhalb der Abläufe. Innerhalb der Waldorfpädagogik wird davon ausgegangen, dass das Kind für eine gesunde Entwicklung Rhythmus und Wiederholung als wichtige Bestandteile benötigt.

„Rhythmus trägt Leben, er ist Träger unserer Gesundheit.“
Rudolf Steiner

Dabei wird der Tagesablauf von musikalischen Phasen, Märchen, Freispielphasen sowie durch das Arbeiten mit verschiedenen Werkmaterialien geprägt. Phasen, die von der Lehrkraft oder dem Erzieher gelenkt werden, wechseln sich mit Phasen der freien Orientierung (freies Spiel) ab. Durch den Tag findet somit ein Ein- und Ausatmen statt.

In seiner Ausgestaltung orientiert sich der Tagesablauf zudem an den Feiern der Jahreszeiten, die zusammen mit den Kindern zelebriert werden. Begleitet wird der Rhythmus von Gruppenaktivitäten, wie dem gemeinsamen Frühstück und Mittagessen. Im Rahmen dieses Tagesablaufs hat das Kind die Möglichkeit, seine sozialen Verhaltensweisen auszuprägen und sich im Kontakt mit anderen Kindern zu üben. Durch die enthaltenen Rituale (zum Beispiel beim Eröffnen und Beenden von Mahlzeiten) wird der Alltag für die Kinder nachvollziehbar.

Rituale:
Rituale sorgen in der Waldorfpädagogik für Geborgenheit. Sie bestehen aus Wiederholungen und bekannten Mustern, die für das Kind eine verlässliche Grundlage darstellen. Darüber hinaus stärken sie durch das gemeinsame Tun die Verbundenheit und Ordnungsstrukturen. Kehren diese Muster und Abläufe regelmäßig wieder, vermitteln sie dem Kind seelische Sicherheit und stärken damit sein Selbstkonzept.

Damit der Start in den Tag gelingt, ist es die Aufgabe der Lehrkraft oder des Erziehers, für einen guten Start in den Tag zu sorgen. Ein besonderes Ritual, um in den Tag zu starten, ist das *Goldtröpfchen*.

Ritual des Ölens – Goldtröpfchen:
Bei dem Ritual des Goldtröpfchens wird etwas Rosen- oder Lavendelöl in eine etwas größere Muschel gegossen. Alternativ kann eine kleine Schale verwendet werden.

Die pädagogische Fachkraft tippt dann mit dem Zeigefinger in die Muschel mit dem Öl und berührt danach die Handinnenfläche des Kindes, sodass die Kinderhand etwas Öl erhält.
Dem Kind kommt dabei die Aufgabe zu, die Hand wie ein Schälchen zu halten, damit das Öl nicht entrinnen kann. Im nächsten Schritt bittet die Fachkraft die Kinder darum, am Öl zu riechen und es dann in beiden Händen zu verreiben (Herz, Kopf, Hand). Dabei singen alle gemeinsam
„Goldtröpfchen ist in meiner Hand, macht sie weich und warm."

Das Ritual des Ölens soll die Beziehung zwischen dem Erwachsenen und dem Kind stärken und den Tast- sowie Geruchssinn anregen. In der Anthropologie wird dieses Ritual für die Sinnespflege und zur Beruhigung sowie zur Erweckung des Geistes eingesetzt. Während des Rituals lernt das Kind, sich selbst zu spüren und seine Grenze zur Welt zu erfahren.

Neben dem Ölen setzt die Waldorfpädagogik auf das wiederkehrende Element des Freispiels.

Das Element des Freispiels:

„Der Mensch spielt nur, wo er in voller Bedeutung des Wortes Mensch ist, und er ist nur da ganz Mensch, wo er spielt."

Friedrich Schiller

Das Freispiel wird innerhalb der Waldorfpädagogik als Lernort verstanden, an dem das Kind selbsttätig lernt, die Welt zu begreifen. Im Kontext des Freispiels wird daher die Grundlage für das weitere Leben gebildet.

Ein weiteres, weit verbreitetes Ritual der Waldorfpädagogik ist der Reigen.

Reigen:
Der Reigen ist ein Kreisspiel, bei dem die pädagogische Fachkraft die Kinder mit auf eine imaginäre Reise nimmt. Die Ausgestaltung erfolgt dabei entweder mithilfe von Liedern, Sprüchen, Bewegungen, Gesten, Mimik oder Versen, die die Kinder nachahmen können.

Thematisch werden hierbei Tätigkeiten wie das Backen, Dreschen, Säen, Waschen oder Ähnliches aufgegriffen.

Als die wichtigsten Aspekte des Reigens gelten dabei

- die Anregung der Fantasiekräfte des Kindes,
- die Förderung der Sprachkompetenz,
- die Schulung der Grob- und Feinmotorik,
- die Anregung des rhythmisch-musikalischen Empfindens sowie
- die Raumorientierung.

Dabei fördert der Reigen mit seinen Bestandteilen neben dem musikalisch-rhythmischen Empfinden die Nachvollziehbarkeit des Jahreslaufs im Hinblick auf die Natur, die Pflanzen, Tiere, Feste und das Handwerk. Er ist bildhaft und rhythmisch gestaltet und kann an der jeweiligen Jahreszeit ausgerichtet werden.

Reigen – Häschen in der Grube:
Material: kein Material erforderlich
Alter: ab 2 Jahren

Text:

Häschen in der Grube, saß und schlief, saß und schlief.
Armes Häschen bist du krank,
dass du nicht mehr hüpfen kannst?
Häschen hüpf, Häschen hüpf, Häschen hüpf.

Bei diesem Reigen bilden die Kinder einen Kreis und halten sich an den Händen. Eines der Kinder setzt sich als Häschen in die Grube, also in die Mitte des Kreises. Bei der letzten Zeile des Liedes beginnt das Häschen in der Mitte des Kreises, zu hüpfen. Die Hände können als Hasenohren eingesetzt werden.

Ein weiteres Ritual, was sich im Tagesablauf der Waldorfpädagogik wiederholt, ist die Eurythmie.

Eurythmie:
Die Eurythmie beschreibt eine von Rudolf Steiner entwickelte Bewegungskunst, bei der Sprache mit Musik verbunden wird. Sie findet in verschiedenen Bereichen der Waldorfpädagogik, wie beispielsweise in der Waldorfschule, im Waldorfkindergarten, in der Bühnenkunst, in der Therapie sowie in sozialen Arbeitsfeldern Anwendung.

Sie gilt daher als elementarer Bestandteil der Pädagogik, der die Entwicklung des Kindes befördert und Verantwortungsgefühl vermittelt.

Eurythmie – A, E, I, O, U
Im Eurythmieunterricht werden seelische Gefühle wie Staunen (A), Bewunderung (O), Behauptung (I), Furcht (E) und Freude (U) durch einfache Bewegungen der Arme dargestellt.

Hierbei können sowohl Gedichte als auch Prosastücke durch die Vokalgebärden künstlerisch zum Ausdruck gebracht werden. Auch Lieder oder Musikstücke können durch die Gesten der Arme und Hände in der Darstellung der Vokalgebärden unterstützt werden.

Gleichzeitig lässt sich die Übung für Konsonantenbewegungen übertragen. So kann beispielsweise das ‚S' die Bewegung des Windes darstellen, wohingegen das ‚W' die Bewegung der Wellen im Wasser umschreibt.

STRUKTUR IST ALLES: DEN TAGESABLAUF VISUELL STRUKTURIEREN

Innerhalb der pädagogischen Arbeit ist die Struktur des Tagesablaufs ein wichtiges Qualitätsmerkmal. Struktur ermöglicht Kindern innerhalb ihres Tagesablaufs daher Orientierung und Sicherheit.

Struktur:
Struktur ist der Oberbegriff für einen wiederkehrenden Ablauf, bestimmte Routinen oder Rituale. Für Kinder werden diese Strukturen von Erwachsenen vorgegeben, sodass sich das Kind darauf einstellen und daran orientieren kann.

Strukturelle Anlagen sind dabei bereits durch einen natürlichen Biorhythmus in jedem Menschen verankert. Neben angeborenen Strukturen existieren Strukturen, die beispielsweise durch disziplinarische Maßnahmen oder äußere Begebenheiten geschaffen werden. Sie setzen Grenzen und vermitteln Halt und Sicherheit für das Kind. Damit schaffen sie einen sicheren Rahmen, in dem sich das noch unerfahrene Kind bewegen und sich die Welt aneignen kann.

Aus diesem Grund besteht innerhalb der Gestaltung von Lernarrangements in pädagogischen Einrichtungen die Herausforderung des Fachpersonals darin, den Alltag sinnvoll mit Strukturen zu versehen, an denen sich die Kinder im Verlauf des Tages orientieren können.

Grundsätzlich können Strukturierungen auf pädagogischer Ebene auf unterschiedliche Weise erfolgen. Ganz allgemein gesprochen kann sich Struktur für jüngere Kinder an vier Elementen orientieren.

Geführtes Strukturelement	Angeleitetes Strukturelement	Freies Strukturelement	Verbindendes Strukturelement
- geführte Tätigkeiten - geführte Spiele	- Freispiel - Gezielte Förderung	- Freispiel - Spiel	- Begrüßung - Gemeinsame Spiele in der Gruppe - Gemeinsames Essen - Rituale - Verabschiedung

Diese Elemente der Struktur dienen dazu, die Kinder anzuregen und zu fördern. Somit schafft Struktur Zuverlässigkeit und Vertrauen zwischen den Eltern und den pädagogischen Fachkräften, die dem Kind Strukturen vorgeben, sowie dem Kind. Da Kinder noch ein anderes Zeitgefühl als Erwachsene aufweisen, müssen sie den Umgang mit der Zeit erst lernen. Hierzu tragen Ordnung, Regelmäßigkeiten und Strukturen bei, die sich wiederholen und bestimmten Mustern folgen. Sie schaffen einen stabilen Entwicklungsrahmen, in dem Kinder selbstständig der Bewältigung von Aufgaben nachkommen können. Somit sind feste Strukturen unabhängig vom Alter des Kindes wichtig.

Beispielhaft können hier die folgenden Strukturen benannt werden:

- Aufstehen zu einer bestimmten Zeit
- Kindergarten- oder Schulbesuch zu einer festgelegten Uhrzeit
- gemeinsame Aktivitäten
- routinierte Abläufe nach dem Aufstehen (aufstehen, frühstücken, Zähneputzen, anziehen, aus dem Haus gehen)
- gemeinsame Aktivitäten
- Essen im Familienkreis zu bestimmten Zeiten
- feste Zeiten zum Schlafengehen
- bestimmte Einschlafrituale

Für Kinder, die noch nicht über ein ausgeprägtes Lesevermögen verfügen, kann bei der Erklärung der Strukturen für den jeweiligen Tag mit Bildkarten gearbeitet werden.

Am Beispiel: Bildkarten

Innerhalb des Alltags sowie im Alltag von Einrichtungen kann mithilfe von Bildkarten eine Tagesstruktur erstellt werden.

Hierzu können die Rituale und Abläufe des Tages durch Bildsymbole ersetzt werden, sodass sich Kinder, die nicht mehr wissen, welcher Tagespunkt als Nächstes folgt, anhand des Tagesplans vergewissern können, was als Nächstes auf sie wartet.

So können beispielsweise verschiedene Symbole für bestimmte Lern- und Tageseinheiten eingesetzt werden. Ein möglicher Tagesplan könnte sich beispielhaft wie folgt gestalten:

Tagesablauf	
	Begrüßung
	Freispiel
	Gemeinsames Frühstück
	gemeinsamer Tanz
	angeleitetes Spiel
	Mittagessen
	Mittagsschlaf

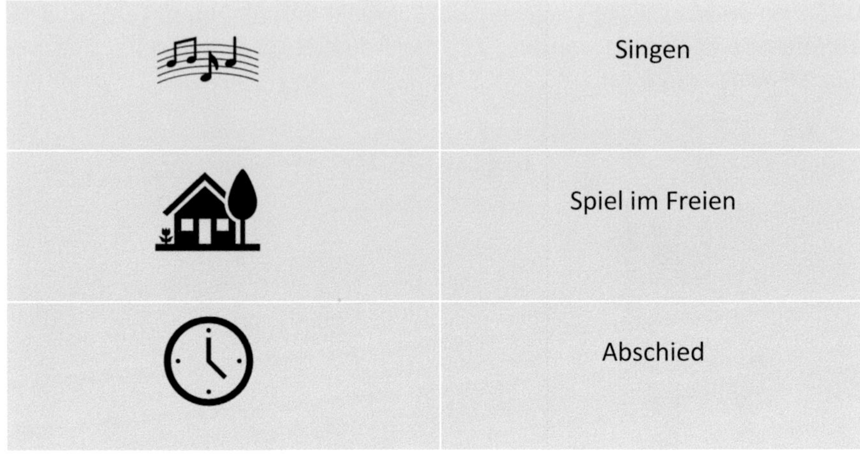

Auch im heimischen Umfeld kann Struktur von den Eltern gelebt werden. Hierzu sollte auf folgende Aspekte geachtet werden:

➢ Ein geregelter Tagesablauf sollte vorgelebt werden, sodass es wenig Diskussionen über Abläufe gibt, da das Kind das Vorgehen über den Tag bereits kennt.

➢ Das Kind sollte ermutigt und motiviert werden, an der Struktur zu partizipieren.

➢ Regeln sollten klar und leicht verständlich für das Kind motiviert werden, damit es die Grenzen kennt und sich innerhalb dieser sicher bewegen kann.

➢ Spielzeug sollte nicht im Übermaß vorhanden sein, da das Kind von den Reizen sonst überfordert werden könnte.

➢ Sollen bestimmte Spielzeuge an einem Ort (einer Kiste) aufbewahrt werden, kann das Aufräumen durch die Bebilderung der Aufbewahrungskisten für das Kind vereinfacht werden.

➢ Handlungen sollten dem Kind sprachlich erläutert werden, damit es versteht, warum etwas gerade so ablaufen muss.

Wochenpläne und Ziele individuell gestalten

Tagespläne lassen sich umgewandelt auch innerhalb des heimischen Umfelds umsetzen. Hier kann er beispielsweise als Wochenplan abgewandelt werden und dem Kind einen Ausblick auf die anstehenden Stationen der Woche liefern. Auf diese Weise kann sich das Kind besser orientieren und mental auf die anstehenden Ereignisse einstellen. Außerdem kann der Wochenplan sprachlich zusammen mit dem Kind durchgesprochen werden, sodass sichergestellt ist, dass es die angebrachten Symbole versteht und die jeweiligen Aktivitäten damit verknüpfen kann.

Da klare Strukturen Kindern Sicherheit vermitteln, kann es neben strukturierten Tagesabläufen sinnvoll sein, auch den Wochenverlauf zu planen und zu strukturieren. Auf diese Weise können To-dos des Tages gemeinsam abgehakt und im Laufe der Woche abgearbeitet werden. Ein Wochenplan mit entsprechenden Symbolen hilft Kindern dabei, sich klar durch die Woche zu orientieren. Mit einem Blick auf den Wochenplan kann nicht nur erkannt werden, welcher Wochentag gerade ist, sondern auch die Planung des Familienalltags wird visualisiert dargeboten.

Wochenplan – Vorbereitung:
Material:
1 Tischset aus Filz
4 Blatt Fotopapier für den Drucker
20 cm Klettverschluss (die raue Seite)
1 Rolle Washi-Tape
7 Wäscheklammern aus Holz
Symbole (entweder vorgefertigte Piktogramme oder von Hand angefertigt)
Filzstifte, Kleber, Schere, Drucker

Anleitung

Schneiden Sie zunächst kleine Kreise aus, auf denen Symbole angebracht werden können. Die Symbole können entweder bereits vor dem Ausschneiden aufgedruckt oder je nach Möglichkeit von Hand aufgemalt werden. Werden Symbole mehrfach benötigt, sollten sie doppelt angefertigt werden.
An jedem der Symbole wird nach dem Ausschneiden auf der Rückseite etwas Klettverschluss angebracht. Dies kann mit etwas Kleber erledigt werden.

Das Tischset aus Filz wird mithilfe des Washi-Tapes in sieben Zeilen unterteilt. Dann werden die Holzwäscheklammern jeweils mit den Wochentagen versehen und in den Reihen an dem Tischset angebracht. Auf diese Weise markieren die Wäscheklammern seitlich den jeweiligen Wochentag.

Im Anschluss erfolgt die Einteilung der einzelnen Tage mithilfe der Symbole. Die Symbole werden dabei in der Reihenfolge auf dem Filz angebracht, in der sie am Tag ablaufen.

Beispielanordnung:

Montag	Spielen		Mittagessen	Schlafen
Dienstag	Puzzeln	Mittagessen		Schlafen
Mittwoch		Waldspa-ziergang	Mittagessen	Schlafen
Donnerstag			Schwimmen	Schlafen
Freitag			Mittagessen	Schlafen
Samstag		Mittagessen		Schlafen
Sonntag		Mittagessen		Schlafen

Zudem kann der Wochenplan für ältere Kinder mit Hausarbeitstätigkeiten oder Wettersymbolen versehen werden. So können Kinder auch in alltägliche Arbeiten wie das Tischdecken eingebunden werden. Platziert werden sollte der Wochenplan so, dass er für das Kind gut einsehbar und erkennbar ist.

Mithilfe des Wochenplans lassen sich die Ziele der Woche festlegen. Auf diese Weise kann das Kind am Tun motiviert werden. Die Formulierung von Zielen ist innerhalb des Aufwachsens ein zentraler Bestandteil für die Aufrechterhaltung der Lernmotivation des Kindes. Die Ziele sollten dabei so formuliert werden, dass sie erreichbar sind. Hierbei kann die SMART-Formel unterstützen.

SMART-Formel:
Die SMART-Formel steht als Abkürzung für die Begriffe ‚**s**pezifisch', ‚**m**essbar', ‚**a**ttraktiv', ‚**r**ealistisch' und ‚**t**erminiert'. Diese Kriterien werden für die Formulierung von sinnvollen Zielen benötigt.

Spezifisch meint in diesem Kontext, dass die Ziele so konkret wie möglich formuliert werden sollten. Hierbei können Fragen wie ‚Wie kann das Ziel erreicht werden?', ‚Wer kann bei der Zielerreichung unterstützen?' sowie ‚Welche Schritte sind für die Umsetzung nötig?' hilfreich sein.

Damit das formulierte Ziel *messbar* ist, sollte eine Orientierung an Vergleichswerten vorgenommen werden, sodass der Erfolg messbar wird.

Unter dem Aspekt *‚attraktiv'* wird die Formulierungsweise des Ziels beschrieben. Ziele sollten dabei möglichst positiv sowie mit aktiven Verben formuliert werden. Bei der Formulierung sollten die Ziele möglichst herausfordernd und motivierend formuliert werden.

Die Wahl eines *realistischen* Ziels sorgt dafür, dass das Kind motiviert bleibt. Daher sollte die Formulierung realisierbar sein, damit es erreicht werden kann. Bei größeren Zielen kann mit Etappenzielen gearbeitet werden, die auf die Erreichung eines größeren Ziels hinarbeiten.

Unter dem Aspekt der *Terminierung* wird ein spezieller Zeitraum für die Zielerreichung festgesetzt, sodass das Ziel eine gewisse Verbindlichkeit erreicht.

Das Smart-Modell am Beispiel von pädagogischen Zielen:
„Ab morgen lernt Lea jeden Tag für mindestens 15 Minuten Mathe, um bis zum nächsten Zeugnis ihre Bewertungen in Mathematik zu verbessern und ihre Kompetenzen auszubauen."

Ist es spezifisch? Ja, da die Zeit auf täglich 15 Minuten beschränkt wird.

Ist es messbar? Anhand der Ergebnisse in den Bewertungen kann das Ziel auf seinen Erfolg hin kontrolliert werden.

Ist es attraktiv? Da die Lernzeit nur 15 Minuten täglich umfasst, kann das Ziel mit einem verhältnismäßig geringen Aufwand umgesetzt werden.

Ist es realistisch? Ja, mit einer regelmäßigen Übung können die Kompetenzen trainiert und verbessert werden.

Ist es terminiert? Ja, da der Zeitraum der Verbesserung auf eine zeitliche Periode bis zur nächsten Zeugnisvergabe festgesetzt ist.

Die Formulierung von pädagogischen Zielen ist grundsätzlich in allen Einrichtungen ein Anspruch. Bei der Ausformulierung der Ziele sollen Teilnehmende in die Ausgestaltung der Ziele einbezogen werden, damit diese möglichst individuell bleiben. Auf diese Weise wird das selbstorganisierte Lernen befördert und die Lernenden übernehmen die Verantwortung für ihren Lernprozess.

Um die Lernenden in die Zielgestaltung einzubinden, sollten im Vorfeld folgende Schritte mit den Lernenden besprochen werden:

Vorbereitende Maßnahmen für die SMART-Methode:
Schritt 1:
In einem ersten Schritt sollten Lernende durch Lehrende den Sinn von Lernzielen vermittelt bekommen. Am einfachsten gelingt dies an einem praktischen Beispiel.

Schritt 2:
Im Anschluss laden Lehrende Lernende ein, sich über das unterbreitete Lernangebot auszutauschen und über damit verbundene Ziele zu sprechen.

Schritt 3:
Im Unterrichts- oder Einzelgespräch können dann individuelle sowie kollektive Lernziele besprochen werden. Welche Themen sollen behandelt werden? Wie kann die Thematik in Gruppen- und Einzelkontexten umgesetzt werden? Welche Spielregeln gibt es?

Schritt 4:
Aus den besprochenen Rahmenbedingungen können dann konkrete Ziele nach der SMART-Methode abgeleitet werden. Diese können sich sowohl an jedem Schüler individuell als auch am Kollektiv der Klasse ausrichten.

Um die Ziele visuell für die Lernenden greifbar zu machen, kann mit einem *Zielvereinbarungspapier* gearbeitet werden.

Zielvereinbarungspapier:
Zielvereinbarungen werden innerhalb der Pädagogik als Instrument verwendet, um zwischen der Fachkraft und dem zu Betreuenden gemeinsame Ziele festzuhalten. Die Ziele können dabei sowohl verhaltensbezogen als auch aufgaben- oder entwicklungsbezogen formuliert werden. Bei der Ausformulierung sollten sie möglichst so verschriftlicht werden, dass sie den zu Betreuenden möglichst intrinsisch motivieren.

Zielvereinbarungen dienen dabei dazu, Orientierung zu ermöglichen sowie Erfolge zu kontrollieren. Beispielhaft kann ein Zielvereinbarungspapier dabei wie folgt gestaltet werden:

Zielvereinbarung

Datum:...
Name:...
Klasse:..

1. Diese Ziele möchte ich erreichen:
Und zwar bis zum:...............................

2. Daran kann ich das Erreichen meines Ziels messen:

3. Das muss ich für die Erreichung des Ziels tun:

4. Diese Hilfestellung erhalte ich von der Lehrkraft bei der Umsetzung meiner Ziele:

Datum, Unterschrift Schüler:
Datum, Unterschrift Lehrer:

Den Schülerarbeitsplatz reizarm und bedürfnisorientiert einrichten

Im Rahmen der Waldorfpädagogik sind Gruppenräume gemütlich und wohnlich gestaltet. Sie sind durch Naturmaterialien gekennzeichnet und verwenden ruhige Farben und warmes Licht. Die Ausgestaltung der Räume wird dabei bewusst dezent gewählt, um nicht von den eigentlichen Lernprozessen abzulenken. Zudem ermöglichen sie den Unterricht aller Epochen und sind damit vielseitig nutzbar.

Die Bedeutung von Räumen in der Waldorfpädagogik:
Innerhalb der Waldorfpädagogik werden Räume als Wirkungsfelder aller Sinne verstanden, die sowohl als Entwicklungs- als auch als Spielräume genutzt werden können. Sie vermitteln durch ihre Ausgestaltung sowohl Unabhängigkeit als auch Freiheit und lassen dem Lernenden physisch und psychisch Luft zum Atmen.

Auch innerhalb der Ausgestaltung der Räumlichkeiten und Lernorte finden sich die Strukturen wieder, die Kinder benötigen. Die äußere Ordnung des Raumes vermittelt den Schülern dabei Sicherheit und Halt. Aus dieser Klarheit und Ordnung kann das Kind schöpferisch tätig werden.

Damit das Lernen gelingen kann, benötigen Kinder unterschiedliche Lernorte und Lernangebote.

Lernort:
Lernorte dienen der Wissensvermittlung und Aneignung. Folgt man der Definition des Deutschen Bildungsrates, ist ein Lernort eine Einrichtung, die Lernangebote organisiert. Darauf basierend kann jeder Ort zum Lernort werden.

Schule als Lernort wird dabei von unterschiedlichen Faktoren bestimmt:

- Unterrichtsprinzipien
- methodisches Vorgehen
- Sozialformen des Unterrichts
- Einsatz digitaler Medien im Unterricht
- allgemeine Vorstellungen von Unterricht
- Beziehung zwischen Schülern und Lehrkräften

Vor dem Hintergrund einer heterogenen Klassenzusammensetzung, wie sie im Rahmen der Waldorfpädagogik und Inklusion gedacht wird, bedürfen Lernorte einer besonderen Gestaltung, um die Bedürfnisse aller Kinder zu berücksichtigen.

Wichtige Faktoren sind dabei:

- **Zugang zum Lernort**: Welche Art von Zugang wird von welchem Schüler benötigt? Gibt es Kinder, die nicht laufen können? Gibt es Kinder, die nicht gut sehen und daher spezielle Plätze im Klassenzimmer benötigen? Wem wird welcher Lernort innerhalb des Raums zugewiesen?
- **Identifizierung der Lernsubjekte**: Welche Bedürfnisse haben die Schüler hinsichtlich des Lernens? Welcher Lerntyp benötigt welche Methode?

Für Kinder mit besonderen Bedürfnissen ist die Gestaltung von Lernräumen besonders wichtig. Hier spielt die Strukturierung sowohl auf räumlicher als auch auf zeitlicher Ebene eine zentrale Rolle, wenn es um den Lernerfolg des Einzelnen geht. Auch visuell sollte der Raum organisiert sein, damit sich Schüler innerhalb des Raumes besser orientieren können.

Strukturierung
Eine strukturierte Lernumgebung gilt als entscheidender Gelingfaktor innerhalb von pädagogischen Einrichtungen. Die räumliche Strukturierung schafft für die Schüler Klarheit und Ordnung und vermittelt damit Sicherheit und Halt, um den Fokus auf den Lernprozess lenken zu können. Um auch zeitlich einen sicheren Rahmen zu geben, kann es sinnvoll sein, den Tagesablauf an einer gut sichtbaren Stelle für Schülerinnen und Schüler zu visualisieren. Bei der Gestaltung der Visualisierung müssen die Besonderheiten der Wahrnehmungsverarbeitung der Kinder berücksichtigt werden. So nehmen Kinder beispielsweise die Welt über die Sinne wahr. Hierdurch kommen sie in Kontakt mit sich und ihrer Umwelt. Die Sinne des Kindes stellen damit die Verbindungspunkte zwischen dem Inneren des Kindes und der äußeren, erfahrbaren Welt dar. So wird beispielsweise aus einem Greifen ein Begreifen und aus einem Fassen ein Erfassen.

Damit die Umgebung nicht vom eigentlichen Lerngegenstand ablenkt, sollte sie möglichst reizarm gestaltet werden. Konkret bedeutet dies:

- Ordnung und Struktur
- wenig Materialien im Raum
- warmes statt grelles Licht
- neutrale Farbgestaltung
- visuell dargestellter Tagesablauf

Überträgt man diese Gestaltung auf den Arbeitsplatz des Kindes, sollte Folgendes beachtet werden:

- Jedes Kind sollte einen eigenen Tisch haben, an dem es arbeiten kann.
- Im Rahmen der Raumgestaltung sollten Kinder nicht zu weit von der Lehrkraft entfernt sitzen.
- Kein Arbeitstisch sollte gegen die Wand gerichtet werden.
- Ist die Ausrichtung eines Arbeitsplatzes ausschließlich in Richtung Fenster möglich, sollte das Fenster entsprechend abzudunkeln sein.
- Darüber hinaus kann es hilfreich sein, wenn die Arbeitsplätze der Kinder sich voneinander abgrenzen lassen.
- Zudem sollte jedem Kind ein fixer Arbeitsplatz zugeordnet werden, um auch hier für eine geordnete Struktur zu sorgen.

- Bei der Zuweisung des Arbeitsplatzes sollte das Kind einbezogen werden.
- Das Klassenzimmer kann dabei nach verschiedenen Sozialformen strukturiert werden.

Sozialformen:
Sozialformen sind Strukturierungsformen, die die Beziehungsstruktur des Unterrichts regeln. Hierbei wird unterschieden zwischen

- Frontalunterricht,
- Gruppenunterricht,
- Partnerarbeit sowie Einzelarbeit und
- offenes Lernen.

Um die Bedürfnisse der Lernenden in ihrer Ganzheitlichkeit zu berücksichtigen, sind Rückzugsorte wichtig.

Beispiele für Rückzugsorte:
- separates Zimmer neben dem Klassenraum
- Aufenthalt in einem anderen Zimmer mit einer Fachperson
- kleine Ecke oder Nische im Klassenzimmer

Diese Orte können dazu beitragen, dass die Kinder Ruhe finden und ihre Gefühle verarbeiten können. Außerdem können die Reize verringert und verarbeitet werden. Nicht alle Schüler können sich im Klassenverband konzentrieren, weshalb Nebenräume oder Nischen für den Lernprozess zuträglich sein können.
Darüber hinaus kann die Integration von weiterem Fachpersonal die Einzigartigkeit der Kinder und die damit verbundenen Bedürfnisse besser erfassen.

Lernzeiten effektiv gestalten

Für die effektive Gestaltung von Lernzeiten innerhalb von Lernprozessen ist es wichtig, die Lernmethoden entsprechend des jeweiligen *Lerntyps* anzupassen.

Lerntypen:
Der Begriff der Lerntypen beschreibt individuelle Unterschiede bei der Verarbeitung von neuen Inhalten sowie Wissen. Die Aufnahme, Zusammenführung und Speicherung von Wissen kann dabei auf vier unterschiedlichen Wahrnehmungskanälen erfolgen:

- **auditiver Typ:** Der auditive Lerntyp nimmt Wissen beispielsweise durch Vorträge, Gespräche oder Tonaufnahmen auf. Als Lernmethode eignet sich für diesen Lerntyp vor allem der Frontalunterricht.

- **optisch-visueller Typ:** Der visuelle Lerntyp nimmt neues Wissen vorwiegend durch die visuelle Wahrnehmung auf. Informationen können bei dem Vorliegen dieses Lerntyps über das Lesen, das Betrachten von Schaubildern, Skizzen, Diagrammen und Filmen aufgenommen werden.

- **haptisch-kinästhetischer Typ:** Dieser Lerntyp nimmt Wissen am besten durch das Anfassen, Ausprobieren und Nachahmen auf. Methodisch hilft diesem Lerntypen das ‚Learning by doing'.

- **kognitiv-intellektueller Typ:** Der kognitiv-intellektuelle Lerntyp nimmt Wissen über die Kommunikation auf. Er tauscht sich mit anderen aus und führt Diskussionsrunden, tauscht sich in Lerngruppen oder Gesprächen aus.

Bei der Ausgestaltung von Lernzeiten gibt es verschiedene Tipps, die den Lernerfolg befördern. Hierzu zählen die nachfolgenden Methoden:

1. einen festen Lernplatz einrichten

Für einen effektiven Lernprozess ist eine ruhige Lernumgebung unabdingbar. Hierbei muss nicht zwangsläufig auf einen eigenen Raum zurückgegriffen werden. Für das Stattfinden von Lernprozessen sollten dennoch feste Plätze zu Verfügung stehen.

2. eine Wohlfühlatmosphäre schaffen

Der Lernplatz sollte so eingerichtet sein, dass er funktional und gemütlich ist. Störfaktoren, wie beispielsweise Handys, müssen beseitigt werden. Je nachdem, wie das Kind am besten lernt, können Kopfhörer mit leiser Hintergrundmusik zum Einsatz kommen.

3. die Lernmethoden testen
Damit der Lernprozess effektiv verläuft, besteht die Aufgabe der Lehrkraft darin, gemeinsam mit dem Kind herauszufinden, welche Lernmethode am besten funktioniert. Hierbei kann ein Lerntypentest Abhilfe schaffen.

4. Schwierigkeiten als Chancen sehen
Hat das Kind bei der Bearbeitung der Aufgabe Schwierigkeiten, sollte die Lehrkraft eingreifen und Schwierigkeiten als Chance bearbeiten. Fehler sind innerhalb des Lernraums erlaubt.

5. einen Lehrplan anfertigen
Schüler können beim Lernen unterstützt werden. Hierbei strukturiert ein Lernplan das Lerntempo und berücksichtigt die individuellen Bedürfnisse des Einzelnen.

6. Konzentrationsübungen durchführen
Da die Konzentration nicht dauerhaft aufrechterhalten werden kann, sollten kleinere Konzentrationsübungen die Aufmerksamkeit aufrechterhalten.

7. Vorbereitung ist alles
Schüler sollten im Rahmen von Lernprozessen darauf vorbereitet werden, dass vor der Bearbeitung eines Arbeitsauftrags die Unterlagen ausführlich erörtert werden müssen.

8. Etappenziele stecken
Zur vereinfachten Bearbeitung werden komplexere Lerninhalte aufgesplittet und in einzelne Stationen aufgeteilt.

9. mit geringer Komplexität beginnen
Bevor komplexe Aufgaben Berücksichtigung finden, sollen Schüler sich mit etwas leichteren Aufgaben auseinandersetzen.

10. die Reihenfolge ist entscheidend
Lernzeiten sind effektiver, wenn sie abwechselnd unterschiedliche Inhalte berücksichtigen und damit verschiedene Kompetenzen trainieren.

11. Lernstoff visuell unterstützen
Lerninhalte sollten nicht nur schriftlich, sondern auch in Bildern präsentiert den Lernprozess anreichern. Das erleichtert das Verständnis.

12. Mindmaps gestalten
Neue Themen können Schüler durch die Erstellung von Mindmaps gestalten. Auf diese Weise können Ideen erst einmal unstrukturiert zusammengetragen werden, bevor die Verarbeitung erfolgt.

13. Lernzettel anfertigen
Schüler können wichtige Informationen eines Themas auf einem Lernzettel festhalten. Zentrale Textpassagen werden bunt markiert. Im Kontext von Wissensabfragen rekapitulieren Schüler selbst erfasstes Wissen besser.

14. Kreativität bei der Umsetzung
Das Interesse der Schüler am Lernstoff wird durch das Vortragen spannender Geschichten oder Sachverhalte von der Lehrkraft angeregt.

15. Pausen
Regelmäßige Lernpausen gestalten die Lernzeit effizienter. Sie bieten dem menschlichen Gehirn einen Moment der Ruhe, sodass die Konzentration sich neu fokussieren kann.

16. Einsatz von Medien
Medien begeistern Kinder und wecken das Lerninteresse, weshalb sie innerhalb von Lernprozessen zum Einsatz kommen sollten.

17. Einsatz eines Timers
Die Schüler können mithilfe eines Timers ihren Lernprozess effizienter gestalten. Im Rahmen der Aufgabenstellung kann es dabei sinnvoll sein, wenn für die Erledigung der Aufgaben Zeitvorgaben von der Lehrkraft bestehen. Das fördert sowohl die Autonomie als auch das technische Verständnis.

18. Austausch in Lerngruppen
Der Austausch von Schülern innerhalb von Lerngruppen führt dazu, dass sich das angereicherte Wissen durch die Weitergabe des Erlernten an andere vertiefen kann.

Bei der Umsetzung der Methoden verfolgen Lernzeiten das Ziel, fachliche und soziale Kompetenzen auszubilden, Lernschwierigkeiten auszugleichen und Stärken zu fördern. In der Folge führt dies zur Stärkung der Selbstlernkompetenz.

Checkliste für die Gestaltung von Lernzeiten		
	Ja	Nein
Lässt sich der Lernraum flexibel nutzen?		
Wurde eine effiziente Lernumgebung gestaltet?		
Wurden unterschiedliche Methoden berücksichtigt?		
Stellt der Lernraum verschiedene Lernecken zur Verfügung?		
Wurden die Schüler in die Gestaltung einbezogen?		
Wurden verschiedene Konzentrationsübungen eingeplant?		
Sind Pausen vorgesehen?		
Können Auszeiten effizient gestaltet werden?		
Wird der Lernfortschritt durch die Gestaltung der Lernzeit vorangetrieben?		

Krisen und Konflikte: Neue Ansätze und Lösungen

Jeder Konflikt bietet die Chance auf eine Veränderung, die eine Weiterentwicklung ermöglicht. Für die meisten Menschen ist der Begriff ‚Konflikt' dennoch negativ konnotiert. Meist beschreibt er eine gefährliche oder bedrohliche Situation, wodurch schlechte Gefühle impliziert sind.

Waldorfschulen versuchen, Konflikte zu vermeiden. Diese Haltung ergibt sich bereits durch die Struktur der Selbstverwaltung und aufgrund des herrschaftsfreien Raumes, in dem alle Lehrer gleichberechtigt entscheiden. Doch gerade hier steigt häufig das Konfliktpotenzial. Ziele, Ansprüche und Erwartungen geraten in einen Vergleich, der schnell zu einem Machtkampf entarten kann. Dadurch ist das Konfliktpotenzial an Waldorfschulen häufig höher als an anderen pädagogischen Einrichtungen. Nicht zuletzt werden diese Konflikte durch die Erwartungshaltung der Eltern gegenüber einem neuen pädagogischen Ansatz, der an Waldorfschulen vertreten wird, geschürt.

Auf der Ebene der Schüler gewährt das System der Waldorfpädagogik mehr Raum für Konflikte. Schüler dürfen Entwicklungskrisen stärker leben und ‚Ärger einen Raum geben' – wodurch Schüler lernen, sich gegenseitig besser zu verstehen, was zu einem harmonischeren Miteinander beiträgt.

Konflikte entwickeln meist eine eigene Dynamik, innerhalb derer sich aus dem eigenen Erleben sowie dem Erleben des Gegenübers eine Reihe von Missverständnissen häuft. Ganz gleich, welche Maßnahmen in diesen Fällen ergriffen werden, meist lässt sich das Problem dann nicht mehr klären. Häufig werden aus verbalen Kleinigkeiten dann handfeste Konflikte. Innerhalb der Dynamik der Konflikte kann auf der Basis einer guten Kommunikation die Weiterentwicklung des institutionellen Miteinanders befördert, weiterentwickelt und bestärkt werden.

Kommunikation gestalten

Um Konflikte bestmöglich zu vermeiden oder bei der Entstehung zu beheben, ist die Offenheit gegenüber einer Klärung unabdingbar. Innerhalb des Waldorfkonzepts werden Konflikte innerhalb von Reflexionsräumen geklärt. An dieser Stelle kommen unbeteiligte Konflikthelfer zum Einsatz. Externe Konflikthelfer unterstützen dabei, die Harmonie der Organisation aufrechtzuerhalten und zwischen den betroffenen Parteien zu vermitteln. Existieren diese Konflikte innerhalb des Lehrerkollegiums, kann der Vorstand der Schule die Rolle der Konfliktvermittlung übernehmen. Bestehen die Konflikte zwischen Schülern und Lehrern, werden die Reflexionsräume genutzt, innerhalb derer Konflikte mit einer neutralen Fachkraft besprochen werden. Zwischen Schülern versuchen Lehrer im Falle eines Konfliktes, eine Klärung zu erzielen. Auf allen Ebenen der Konflikte erfolgt die Klärung auf der Basis von Kommunikation. In allen Fällen werden Gespräche mit beiden Konfliktparteien unabhängig voneinander in einem ersten Schritt besprochen. Jede Partei hat auf diese Weise die Möglichkeit, sich in Ruhe auszusprechen. Dieses Vorgehen wird als *Konfliktdiagnose* beschrieben. Im Anschluss wird das Konfliktfeld mit allen Beteiligten besprochen. In diesem Kontext können die folgenden Fragen leitend sein:

- Wer sind die zentralen Personen innerhalb des Konfliktes?
- Wer ist nur am Rande beteiligt?
- Wer ist nur betroffen?

Im Nachgang wird der Konflikt offen besprochen. Gemeinsam mit dem Konflikthelfer wird zwischen allen Parteien ein Waffenstillstand vereinbart, sodass die Kommunikation die Chance hat, auf einer neuen Basis zu stehen. Während des Gesprächs ist es die Aufgabe des Konflikthelfers, Grenzen zu setzen, den Respekt zu wahren und den Rückweg in den Konflikt zu versperren.

Um Konflikte professionell zu begleiten und zu lösen, gibt es verschiedene Möglichkeiten. Ein möglicher Ansatz besteht in der *gewaltfreien Kommunikation*.

Gewaltfreie Kommunikation:
Unter dem Begriff der gewaltfreien Kommunikation wird ein Kommunikations- und Konfliktlösungsprozess verstanden, der Menschen dabei unterstützt, mit anderen Menschen in Verbindung zu treten. Die Verbindung soll dabei einfühlsam und verständnisvoll gestaltet sein. Die gewaltfreie Kommunikation verfolgt dabei die Auffassung, dass Menschen ein natürliches Bestreben haben, Bedürfnisse zu erfüllen.

Bei der Umsetzung erfolgt die gewaltfreie Kommunikation in vier verschiedenen Schritten:

➢ 1. Schritt: Beobachtung

Beobachtung:
Unter dem Aspekt der Beobachtung wird im Rahmen der gewaltfreien Kommunikation eine bewertungsfreie Sicht auf das Gegenüber umschrieben. Hierbei werden Fakten von Erwartungen, Bewertungen und analysierenden Interpretationen getrennt. Die Wertfreiheit trägt dabei zu mehr Offenheit im Gespräch bei.

Beispiel: Verletzende Sprache vs. Beobachtung:

Urteil	Du bist zu faul zum Aufräumen.
Vergleich	Deine Schwester ist ordentlicher als du!
Interpretation	Hier sieht es aus, als wäre eine Bombe eingeschlagen.
Bloße Beobachtung	Alle Spielzeuge befinden sich auf dem Boden. Vor dem Kleiderschrank liegt alles kreuz und quer.

➢ 2. Schritt: Gefühle

Gefühle:
Innerhalb der gewaltfreien Kommunikation liegt der Fokus auf dem, wie sich Menschen in Auseinandersetzungen fühlen.

Beispiel: Verletzende Sprache vs. Gefühl

Manipulation	Ich bin traurig, weil du nicht aufgeräumt hast.
Gefühl	Ich bin traurig, weil ich etwas Hilfe brauche.

➢ 3. Schritt: Bedürfnisse

Bedürfnisse:
Gefühle fungieren innerhalb der gewaltfreien Kommunikation als Wegweiser für Bedürfnisse. Hierbei stellen sich Beteiligte die Frage:
Wie geht es mir und was brauche ich? Wie fühlt sich mein Gegenüber und was braucht das Gegenüber?

Beispiel: Verletzende Sprache vs. Bedürfnis

Urteil	Wie sieht es denn hier aus? Was für ein Saustall.
Bedürfnis	Ein unaufgeräumtes Zimmer macht mich unruhig. Ich kann mich dann nicht entspannen.

➢ 4. Schritt: Bitte

Bitte:
Konkrete Anliegen werden innerhalb der gewaltfreien Erziehung als Bitte formuliert. Lösungen lassen sich so leichter finden.

Beispiel: Verletzende Sprache vs. Bitte

Vorwurf	Du könntest auch mal wieder aufräumen, so wie es hier aussieht.
Bitte	Lass uns gemeinsam aufräumen. Ich kümmere mich um die Lego-Steine und du räumst die Puppen zusammen. Okay?

Daneben können einige Tipps im Umgang mit Konflikten für Lehrkräfte hilfreich sein. Hierzu zählen:

- Vor allem jüngere Kinder verfügen häufig noch nicht über die richtige Sprache, um ihre Konflikte mit Worten zu umschreiben. In diesen Fällen kann es hilfreich sein, wenn Lehrkräfte die Erklärung unterstützen und Probleme sprachlich benennen.

- Daneben sollten Lehrkräfte Konflikte in jeder Art wahr- und ernst nehmen. Alle Seiten sollten die Chance erhalten, gehört zu werden.

- Innerhalb eines Konflikts ist es die Aufgabe der Lehrkraft, keine Partei zu ergreifen oder den Konflikt zu werten.

- Gemeinsam mit den Kindern kann dann überlegt werden, welche Lösung sie sich von Ihnen als Lehrkraft erwarten, was die Kinder ohne Ihre Anwesenheit bereits miteinander versucht haben, um das Problem zu lösen, und welche Lösungen es gegebenenfalls noch gibt.

Daneben können im Umgang mit Konflikten Streitregeln sinnvoll sein. Diese sollten bereits in einem allgemeinen Rahmen vor dem Bestehen eines Konflikts zusammen mit den Schülern erarbeitet werden.

Mögliche Streitregeln:

➢ ehrlich bleiben

➢ Der Streit ist erst geschlichtet, wenn sich alle Parteien ausreichend gehört fühlen

➢ Alle Beteiligten dürfen ausreden

➢ fairer und respektvoller Umgang miteinander

➢ Zum besseren Verständnis kann der Standpunkt des anderen wiederholt werden

➢ sachlich bleiben

Weitere Möglichkeiten, einen Konflikt zu lösen, bestehen in den Methoden der

Mediation:

Im Sinne einer Mediation wird ein Schlichtverfahren beschrieben, bei dem verschiedene Parteien wieder zurück in einen Teambestand geführt werden. Während des Vorgangs vermittelt ein Mediator zwischen den betroffenen Konfliktparteien und hilft dabei, eine Lösung für ein bestehendes Problem zu erarbeiten.

Supervision:
Bei der Supervision lernen Einzelpersonen und Gruppen, ihr berufliches und ehrenamtliches Handeln zu prüfen und zu verbessern. Inhaltlich werden dabei Themen wie die praktische Arbeit, Rollen- und Beziehungsdynamik sowie die Zusammenarbeit im Team bearbeitet.

Coaching:
Bei einem Coaching geht es darum, die einzelnen Kinder dazu zu befähigen, in Konflikten besser interagieren zu können. Es dient der Steigerung der Leistungsfähigkeit innerhalb des Klassenverbandes.

Grundsätzlich ist es wichtig, dass die pädagogische Fachkraft nicht zu früh in kindliche Konflikte eingreift. Auf diese Weise haben Kinder die Möglichkeit, sich selbst in der Herausbildung von Problemlösestrategien zu üben und sich diese anzueignen. Zudem lernen sie, ihre Konfliktfähigkeiten auszubilden. Im Konflikt mit anderen Kindern lernen sie, dass jeder unterschiedliche Bedürfnisse und Wünsche sowie Interessen hat. Wird der Konflikt von der Fachkraft jedoch als destruktiv wahrgenommen, sollte unter Berücksichtigung der folgenden Punkte eingegriffen werden:

- **Bedürfnisse übersetzen**: Um zwischen zwei Parteien zu vermitteln, ist es hilfreich, wenn Lehrkräfte die unterschiedlichen Bedürfnisse verbalisieren.

- **Offene Fragen stellen**: Die Formulierung offener Fragen kann im Rahmen von Konflikten dazu beitragen, das Gegenüber besser zu verstehen. Mögliche Formulierungen können dabei sein:
- Was können wir jetzt machen?
- Haben wir Ideen, wie wir das lösen können?
- Wie würdest du dich jetzt besser fühlen?

- **Impulse geben**: Jüngere Kinder sind von offenen Fragestellungen häufig überfordert. Hier kann es hilfreich sein, verschiedene Handlungsmöglichkeiten aufzuzeigen. Diese könnten wie folgt aussehen:
- Ihr könntet vielleicht zusammen mit dem Spielzeug spielen?
- Wie wäre es, wenn ihr euch abwechselt?
- Bei dem Aufzeigen von Handlungsmöglichkeiten sollten nicht mehr als zwei Varianten aufgezeigt werden, da mehr überfordernd wirken können.

- **Schutz**: Befindet sich der Konflikt auf einer bereits hohen Eskalationsstufe, sollte die Fachkraft sofort eingreifen.

- **Kinder einbeziehen**: Bei der Lösung des Konflikts sollten die Kinder aktiv einbezogen werden, damit diese auch in einem geschützten Rahmen ihre Konflikt- und Problemlösefähigkeiten trainieren können.

Ärger einen Raum geben

Die Waldorfpädagogik bietet im Rahmen von Reflexionsräumen Ärger Raum. Im Kontext der Reflexionsräume haben Schüler die Möglichkeit, über ihren angestauten Frust zu sprechen und ihr eigenes Verhalten zu reflektieren. Dies trägt dazu bei, sich und den anderen besser wahrzunehmen, zu verstehen und sich in Zukunft besser zu achten. Nur eine verstehende Haltung trägt zu einem harmonischeren Miteinander bei.

Daneben wird innerhalb des pädagogischen Konzepts auf *Streitschlichter* zurückgegriffen, die dabei unterstützen sollen, den aus Konflikten entstandenen Ärger zu verringern.

Streitschlichter:
Streitschlichter dienen dazu, im Ernstfall zwischen zwei zerstrittenen Parteien zu vermitteln. Die dritte Person versucht in diesem Kontext, Wege aufzuzeigen, um den Konflikt sinnvoll beizulegen. Im Fachkontext werden Streitschlichter auch als Mediatoren bezeichnet.

Auf einen Blick:
Streitschlichtung in drei Schritten

Die Streitschlichtung erfolgt dabei in drei verschiedenen Phasen:
1. Vorphase: Innerhalb der Vorphase erläutert der Streitschlichter die Regeln für das gemeinsame Gespräch. Er erläutert, dass das gemeinsame Zuhören und gegenseitige Ausredenlassen als zentrale Grundbausteine der Streitschlichtung zu betrachten sind. Zudem werden Kinder dazu angehalten, das Besprochene als vertraulich zu behandeln.

2. Klärung: Im Kontext der Klärung wird es darum gehen, dass die Betroffenen ihre Sicht der Dinge erläutern. Jeder sollte hier die Möglichkeit erhalten, seine Gefühle zu äußern und ansprechen zu können. Die Aufgabe des Streitschlichters ist es dabei, darauf zu achten, dass alle gleichberechtigt zu Wort kommen.

3. Lösung: Im letzten Schritt wird gemeinsam mit dem Streitschlichter nach einer Lösung gesucht. Sobald ein Vorschlag gefunden ist, dem alle Beteiligten zustimmen, wird über die getroffene Vereinbarung ein schriftlicher Vertrag geschlossen, der metaphorisch von beiden Parteien unterzeichnet wird.

Bei der Begleitung von Konflikten kommt es für Lehrkräfte darauf an, Kinder dazu zu befähigen, ihre Bedürfnisse in Form von Ich-Botschaften zu formulieren. Diese Form des Ausdrucks soll dazu beitragen, Ärger achtsam zum Ausdruck zu bringen und mit den anderen ins Gespräch darüber zu kommen.

Beispielkommunikation:

Schlechte Kommunikation	Du Idiot, warum wirfst du immer meine Sachen in den Dreck?
Gute Kommunikation	Ich möchte meine Sachen nicht im Dreck haben. Bitte hör auf damit.

Da viele Kinder innerhalb von Konflikten ihrem Ärger hilflos gegenüberstehen, benötigen sie die Unterstützung von Erwachsenen, damit sie den Umgang mit Wut, Ärger und Zorn lernen. Bei kleineren Kindern haben sich verschiedene Methoden zur Bewältigung von Ärger als hilfreich erwiesen:

1. Den Ärger wegsingen

Im Konflikt mit anderen Kindern kann es einigen Kindern helfen, die ärgerlichen Gedanken in Worte zu fassen und darüber ein Lied zu singen. Hierbei kann sich das Kind vor den Spiegel stellen.

2. Das Ärgernis verlassen

Wenn die Wut trotz aller Bemühungen nicht nachlassen will, kann es hilfreich sein, eine Pause einzulegen. Dazu sollte das Gespräch mit dem Gegenüber beendet und die Situation verlassen werden.

3. An etwas Schönes denken

Gedanklich sollte das Kind Abstand zu der Situation gewinnen. Um es erträglicher zu machen, kann die Beschäftigung mit etwas Schönem unterstützen, wie z.B. einer Fantasiereise zu lauschen (angelehnt an die Methode des autogenen Trainings zum Entspannen)

„Ein gutes Gefühl"

Stelle dir vor, dass alles vollkommen gut ist. Denn jetzt ist es überhaupt nicht wichtig. In diesem Moment ist es ganz ruhig und still. Der Raum um dich herum ist ganz ruhig, das Einzige, was deine Ohren hören, sind meine Worte. Auch du bist ganz ruhig. Stelle dir einen großen, dicken Stein vor, der vor dir liegt. Es ist der Stein aus Sorgen und Ängsten, aus Wut und Traurigkeit. Alle Gefühle, die du nicht so gerne magst, sind jetzt in diesem großen, dicken und sehr schweren Stein.

Sieh dir diese Gefühle einmal ganz genau an. Jedes Einzelne von ihnen ist wichtig. Die Wut, die den Stein ein wenig rötlich scheinen lässt, hat einen wichtigen Sinn. Denn sie ist es, die dich stark macht. Sie sagt dir, dass du für dich kämpfen musst, wenn jemand dich ärgert. Die Angst, die den Stein ein wenig erzittern lässt, ist sehr wichtig. Sie sagt dir, dass etwas gefährlich ist und du dich lieber fernhalten würdest. Deine Angst beschützt dich. Die Eifersucht, die das grünliche Moos auf dem Stein ist, zeigt dir, dass jemand dir wichtig ist und dass du dir wünschst, für diese Person ebenso wichtig zu sein. Die Traurigkeit, die als Tropfen am Stein hinabrinnt, zeigt dir, dass du dir Hilfe suchen solltest, weil du alleine gerade nicht zurechtkommst. All diese Gefühle fühlen sich oft nicht schön an.

Dennoch sind sie genauso wichtig für dich wie Freude, Stolz oder Liebe. Doch in diesem Moment spürst du kein Gefühl, das sich nicht gut anfühlt. Denn all diese Gefühle stecken in dem Stein vor dir. Streichle einmal kurz über den Stein und bedanke dich bei deinen Gefühlen. Sie leben mit dir zusammen und werden ihre wichtige Aufgabe erfüllen. Dann wende dem Stein den Rücken zu und gehe fort. Mit jedem Schritt wirst du ein wenig ruhiger. Mit jedem Schritt durchflutet dich ein wohliges Gefühl. Denn in diesem Moment lässt du die Gefühle, die du nicht gerne fühlst, hinter dir zurück. Sie sind jetzt nicht wichtig. Denn gerade ist alles gut. Und du bist vollkommen ruhig. Gehe weiter und weiter, bis der Stein nur noch ein Punkt in der Ferne ist, der hinter dir zurückbleibt. Und dann ist er ganz verschwunden. Du gehst noch ein Stückchen weiter und bist nur mit dir und deiner inneren Ruhe allein. Vor dir taucht ein Wasserfall auf. Du hörst das Plätschern des sanft heruntergleitenden Wassers.

Du siehst, wie sich das Sonnenlicht im Wasser spiegelt. Woher der Wasserfall kommt, ist nicht zu erkennen. Fast sieht es so aus, als würde er einfach so vom Himmel fallen. Gehe ein wenig näher an den strömenden Wasserfall heran. Strecke deine Hand aus, um zu schauen, ob das Wasser kalt oder warm ist. Als deine Hand den Wasserfall berührt, stellst du fest, dass das Wasser von der Sonne wohlig warm aufgewärmt ist. Es fließt einfach weiter und der Wärmestrom hört nicht auf. Als du so dastehst und die Hand unter den warmen Wasserstrom hältst, wirst du noch ein wenig ruhiger und noch ein wenig. Du bist ganz und gar ruhig und genießt nur diesen Moment. Du möchtest auch dein Gesicht mit dem Wasser anwärmen und führst deine Hand als Erstes zu deinem Mund. Da fällt dir etwas ganz Besonderes auf. Denn das warme Wasser schmeckt gar nicht nach Wasser. Es schmeckt nach deinem liebsten, warmen Getränk.

Ist es ein fruchtiger Tee? Oder ein süßer Kakao? Eine warme Milch mit Honig? Wonach schmeckt das Wasser, das in diesem Moment deine Lippen berührt? Forme mit deinen beiden Händen eine Schale und halte diese in den strömenden Wasserfall. Höre das Plätschern, siehe das Glitzern und spüre die Wärme, die in deine Hände fließt. Nimm nun die Schale zum Mund und probiere einen Schluck des Wassers. Du hast dich nicht getäuscht. Tatsächlich schmeckt das Wasser nach deinem Lieblingsgetränk. Spüre, wie die Wärme dieses Zauberwassers in deinen Bauch fließt. Du bist vollkommen ruhig und dein Bauch wird warm und wärmer, bis er so angenehm warm ist wie das Zauberwasser, das du gerade trinkst. Nimm drei weitere Schlucke und siehe, was passiert. Schluck eins... Das Zauberwasser strömt in deinen Bauch hinein. Schluck zwei...

Dein Bauch ist vom Wasser ganz sonnenwarm. Es fühlt sich an, als hätte das Wasser die Sonnenstrahlen gespeichert und würde diese nun deinem Bauch schenken. Schluck drei. Die sanfte Wärme in deinem Bauch breitet sich in deinem Körper aus und schenkt dir ein wohliges Gefühl. Gehe einen Schritt zurück und speichere die Wärme in dir ab. Du bist vollkommen von Ruhe durchströmt und die Wärme in deinem Bauch ist dein Geschenk des Tages. Wenn du gleich zurück in den Tag gehst, trägst du deine eigene kleine Sonne in deinem Bauch mit dir herum.

Und wann immer eines der Gefühle aus dem Stein in dir aufkommt, weißt du, dass es vollkommen okay ist. Denn jedes Gefühl darf gespürt werden. Und du hast deine Sonne bei dir, die dir helfen wird, auch die Gefühle aus dem Stein anzunehmen, zu begrüßen, ihren Sinn zu erkennen und anschließend wieder in den Stein zurückzuschicken. Öffne bei drei deine Augen, strecke den ganzen Körper kräftig und starte in den Tag mit deiner eigenen wohligen Sonne in deinem Bauch. Eins... Zwei... Drei...

4. Ruhige Atmung

Lässt sich die Wut gar nicht beseitigen, können mit dem Kind verschiedene Atemtechniken umgesetzt werden, die die Wut abschütteln sollen.

- Atemübung (angelehnt an das autogene Training zum Entspannen)

Der Atem ist einer der wichtigsten Faktoren im Bereich der Entspannung. Durch langsame, tiefe Atmung können wir den Sympathikus unterdrücken, weil wir unserem Körper das Gefühl der Entspannung unmittelbar näherbringen. Das ist plausibel, wenn Sie sich verdeutlichen, dass wir in Stresssituationen sehr flach und schnell atmen und oft unter Luftnot leiden. Tiefe Atmung steht dem entgegen und ist somit der Ruhepol. „Meine Atmung ist ruhig und regelmäßig" und „Mein Atem fließt von ganz allein" können hilfreiche Sätze sein. Achten Sie darauf, dass Sie und Ihr Kind die Atmung nicht bewusst führen. Es geht darum, dass der Körper den eigenen, natürlichen Atemrhythmus findet, denn dieser vorgegebene Rhythmus erleichtert es Ihnen, in einen entspannten Zustand zu gelangen.

Für die Atemübung können Sie mit folgenden Bildern arbeiten:

✓ Mein Atem fließt wie ein Bach,

✓ Die Luft strömt wie der Strom eines Flusses durch meinen Körper,

✓ Mein Atem verteilt neue Kraft ganz von allein.

Eine beispielhafte Durchführung der Atemübung kann wie folgt aussehen:

Ich bin vollkommen ruhig.
Mein Atem fließt von ganz allein.
Meine ganze Atmung ist ruhig und regelmäßig.
Von Kopf bis Fuß werde ich von meiner Atemluft erfüllt.

5. Die Wut in Bewegung umsetzen

Bei der Beseitigung negativer Energien hilft es, die Energie durch Bewegung freizusetzen und den Ärger loszuwerden. Für die Umsetzung kann die Fachkraft mit den Kindern mehrmals auf der Stelle hüpfen, um die Wette laufen oder auf ein Kissen boxen.

6. Empathie zeigen

Im Gespräch mit dem Kind kann versucht werden, sich in das Gegenüber hineinzuversetzen, um zu verstehen, warum welche Handlungen wie abgelaufen sind.

7. Wut aufmalen

Da kleine Kinder ihren Ärger nicht immer gut verbalisieren können, kann der Ärger in Form von Bildern zu Papier gebracht werden. Das Ergebnis kann zerrissen werden, sodass der Ärger verpufft.

Konflikte innerhalb der Klasse produktiv klären

Dass es innerhalb der Klasse zu Streitigkeiten und handfesten Konflikten kommt, ist normal. Innerhalb pädagogischer Institutionen treffen im Kontext von heterogenen Klassenverbänden verschiedene Persönlichkeiten mit unterschiedlichen Bedürfnissen aufeinander, weshalb die Ursachen für Konflikte auch unterschiedlicher Natur sein können. Lehrkräfte sollten diese Auseinandersetzungen begleiten und zwischen den Parteien schlichtend vermitteln. Für die Lösung der Konflikte innerhalb des Klassenverbandes ist dabei eine konstruktive Haltung wichtig. Hierzu gehört, dass Konflikte nicht als etwas Negatives gesehen werden, sondern als *Chance* für die Entwicklung einer Gemeinschaft. Sie sind Bestandteile des menschlichen Lebens, weshalb der Umgang mit ihnen erlernt und trainiert werden sollte. Die Konfliktkultur basiert dabei auf drei zentralen Säulen:

Die drei Säulen einer konstruktiven Konfliktkultur

1. Prävention

Langfristiger Aufbau von Konfliktfähigkeit bei den Schülerinnen und Schülern

2. Intervention

Kurzfristiger Eingriff durch die Fachkraft bei eskalierenden Konflikten

3. Konfliktbewältigung

Mediation der Fachkraft, um zwischen allen Parteien zu vermitteln, Konflikte auszutragen und im Anschluss zu lösen.

Bei den Präventionsmaßnahmen geht es darum, die Konfliktfähigkeit der Kinder zu trainieren. Hierbei trägt neben dem **sozialen Kompetenzerwerb** das **soziale Lernen** bei. Auch die **gewaltfreie Kommunikation** unterstützt die Entwicklung einer harmonischen Kommunikationskultur innerhalb der Klasse. Solche Maßnahmen sollten langfristig in die pädagogische Kultur einer Institution integriert werden.

Im akuten Fall kann auf Interventionsansätze zurückgegriffen werden, die dem bestehenden Konflikt entgegenwirken. Hierzu zählen beispielsweise **Klassenmediationen**, die **Trainingsraum-Methode**, der **No Blame Approach** sowie die **Farsta-Methode**.

Trainingsraum-Methode:
Die Trainingsraum-Methode ist ein eingerichtetes Zimmer oder eine Ecke innerhalb eines Klassenraums, in welche Schüler, die den Unterricht stören, für einen Moment geschickt werden können. Sie zielt darauf ab, die Störungen vom Plenum der Klasse zu entfernen und Schülern eine Möglichkeit zu geben, ihr eigenes Verhalten zu reflektieren.

No Blame Approach:
Der No Blame Approach (Ansatz ohne Beschuldigung) ist eine Vorgehensweise, um Mobbing unter Schülern einzudämmen und frühzeitig zu unterbinden. Dieser Ansatz verzichtet auf Schuldzuweisungen und Bestrafungen.

Farsta-Methode:
Auch die Farsta-Methode (nach einem Stadtteil Stockholms benannt, wo sie entstand) wird als Vorgehensweise zur Bekämpfung gegen Mobbing eingesetzt. Sie bietet die Möglichkeit, die Situation offen zu bearbeiten und diese mit allen Beteiligten zu besprechen.

Grundsätzlich sollten Fachkräfte im Rahmen der Konfliktlösung die jeweiligen Charakterzüge des Kindes berücksichtigen. Damit alle am Konflikt Beteiligten die Möglichkeit erhalten, ihre Bedürfnisse zu äußern, kommt der Lehrkraft die Aufgabe zu, auf ein ausgewogenes Redeverhältnis zu achten. Innerhalb eines Klassenkonflikts kann die Mediation zwischen den Konfliktparteien Wachstum erzeugen und zu einem neuen Zusammengehörigkeitsgefühl führen, das auf Dauer zu einer entspannteren Atmosphäre innerhalb der Klasse beiträgt.

Besondere Situationen

An dieser Stelle sollen Fachkräfte praktische Hinweise erhalten, um beispielhaften Konfliktsituationen entgegenzutreten. Die Situationen und angewandten Methoden sind dabei als Beispiele zu verstehen, die sich auf andere Gesamtzusammenhänge übertragen lassen.

Beispiel 1: Gewaltfreie Kommunikation (GFK)
Situation:
Luna (7) ist sauer. Sie versucht seit einigen Stunden, die Arbeitsmaterialien ihrer Lehrerin zu bearbeiten. Nachdem sie nicht weitergekommen ist und sich mit anderen Klassenkameraden ausgetauscht hat, stellt sie fest, dass alle anderen bereits viel weiter sind. Es dauert nicht lange, bis sie den Stift durch den Klassenraum wirft und den Kopf auf den Tisch legt. Um den Konflikt zu lösen, nähert sich die Lehrkraft und versucht, Luna zu helfen.

Beobachtung: Was ist passiert?
Im ersten Schritt geht es darum, dass die Lehrerin herausfindet, was passiert ist. Zwar hat sie die Situation aus der Entfernung beobachten können, dennoch sollte Luna die Möglichkeit erhalten, sich selbst zu äußern.

Lehrerin: „Ich habe beobachtet, dass du dich ärgerst. Kann es sein, dass du mit den Aufgaben nicht so gut zurechtkommst?"
Luna nickt. Dann senkt sie den Kopf und ein paar Tränen fließen.

Gefühle: Wie geht es dir?
In diesem Schritt sollte die Lehrkraft den Fokus auf die Wahrnehmung legen.

Lehrerin: „Bist du traurig darüber, dass die anderen Kinder schneller sind als du?"
Luna: „Ja." Sie nickt vehement.

Bedürfnisse: Was brauchst du?
Im Anschluss kann es dem Kind helfen, mögliche Bedürfnisse zu benennen.
Lehrerin: „Denkst du, es hilft dir, wenn wir uns noch einmal gemeinsam die Aufgaben anschauen?"
Luna: „Ja, ich denke schon."

Bitte – Eine Bitte formulieren
In diesem Schritt geht es darum, dem Kind eine Möglichkeit zu bieten, mit der es in Zukunft auf ähnliche Situationen reagieren kann.

Lehrerin: „Wollen wir uns in Zukunft darauf einigen, dass du dich bei mir meldest, wenn du merkst, dass du Hilfe brauchst? Dann machen wir das zusammen!"
Luna nickt.

Beispiel 2: Einen Konflikt innerhalb der Klasse lösen – Das Konfliktthermometer
Situation:
Nach einer Übung innerhalb des Klassenverbandes bilden sich im Plenum der Klasse zwei Gruppen, die sich aufgrund des vorangegangenen Spiels zu rivalisieren scheinen. Die Lehrkraft nimmt die rivalisierenden Schwingungen wahr und schlägt die Durchführung einer Übung vor, die das gegenseitige Verständnis befördern soll.

Ziel:
Beide Konfliktparteien sollen den Standpunkt der jeweils anderen Partei wahrnehmen.

Durchführung:
Für die Umsetzung der Übung trägt die Lehrkraft allen Schülern auf, sich in der Mitte des Raumes aufzustellen. Hierzu werden Tische und Stühle an den Rand des Raumes verschoben.
Am Boden wird mithilfe eines Kreppbandes oder von Zetteln ein Thermometer skizziert. Hierzu werden die Zettel oder das Kreppband mit den Temperaturen 0, 25, 50, 75 und 100 °C beschriftet.

Erläuterungen:
Im Anschluss an die Beschriftungen erklärt die Lehrkraft, dass es sich bei 100 °C um einen vorliegenden Konflikt handelt. Bei 50 °C besteht die Wahrscheinlichkeit, dass einer entsteht, wohingegen es bei 0 °C keinen Konflikt gibt.

Positionierung:
Nachdem sich alle Schüler positioniert haben, übernimmt die Lehrkraft die Aufgabe, die Schüler zu befragen, warum sie sich wo positioniert haben. Die Statements werden von den anderen Schülern ausschließlich gehört, jedoch nicht gewertet. Dies soll dazu beitragen, dass die Schüler einander besser verstehen lernen.

Beispiel 3: Lehrer-Schüler-Konflikt – Reflexionsraum
Situation:
Während des Deutschunterrichts in der 8. Klasse sieht die Lehrkraft, dass Paula und Livie unentwegt miteinander sprechen und dabei die Aufmerksamkeit der anderen Schüler stören. Zunächst unterrichtet sie weiter. Ungeachtet der ermahnenden Blicke lassen sich beide nicht stören. Nach und nach führt das zu Frust bei der Lehrkraft. Sie entscheidet, die beiden in den Reflexionsraum zu entlassen, und gibt ihnen die entsprechenden Zettel mit.

Fortgehen:
Im Reflexionsraum angekommen, bittet die Mediatorin darum, dass Livie und Paula erklären, was passiert ist. Aufmerksam lauscht die Mediatorin den Beschreibungen der beiden. Im Anschluss versucht sie, den Standpunkt der Lehrerin zu erläutern. In diesem Zuge erklärt sie, dass das Gespräch zwischen Paula und Livie nicht nur die Lehrkraft beim Unterrichten irritiert, sondern auch Mitschüler in ihrer Konzentration unterbricht, obwohl diese arbeiten möchten.

Paula und Livie war dies im konkreten Moment nicht klar. Die Mediatorin bittet darum, dass beide sich noch einmal die Zeit nehmen, die Situation zu verschriftlichen und sich zu überlegen, wie die Situation das nächste Mal gelöst werden kann. Im Anschluss sollen sie damit zurück in die Klasse und der Lehrkraft das Schreiben aushändigen.

Beispiel 4: Konflikte aufgrund von Heterogenität – Die Streitschlichtung
Situation:
Im Rahmen einer Gruppenarbeit wurden Elias und Louie einander zugeteilt. Louie hat eine Aufmerksamkeitsdefizitstörung (ADS) und muss sich unglaublich anstrengen, um sich länger auf Sachverhalte zu konzentrieren. Elias gehört zu den Leistungsstärksten der Klasse und löst Aufgaben meist relativ schnell. Im Rahmen der Lösung der Aufgabenstellung ist Louie langsamer als Elias, weshalb sich bei Elias Frust aufbaut. „Kannst du nicht mal schneller machen? Die Aufgaben sind so leicht!“, sagt Elias. Louie senkt den Kopf und schließt die Augen. Als die Lehrkraft die Situation mitbekommt, stößt sie dazu und versucht, zu vermitteln.
Lehrerin: „Elias, ich habe mitbekommen, dass du dich ärgerst. Ich würde dir dazu gerne etwas erklären.“
Elias wirft wütend den Stift weg und nickt.
Lehrerin: „Weißt du, jedes Kind lernt etwas anders. Die einen schneller, die anderen langsamer. Das liegt aber nicht daran, dass andere Kinder dümmer oder

schlauer sind, sondern daran, dass jeder unterschiedliche Voraussetzungen hat und anders lernt.
Elias hebt den Kopf.
Lehrerin: „Verstehst du, was ich dir erklären möchte?"
Elias nickt und wendet sich zu Louie. Er entschuldigt sich bei ihm. Dann fragt er: „Kann ich dir denn irgendwie helfen, damit es leichter für dich wird?"

Beispiel 5: Körperlicher Angriff im Bewegungsunterricht – Ärger einen Raum geben

Situation:
Im Sportunterricht wird die Klasse in zwei unterschiedliche Gruppen unterteilt. Da Ballsportarten auf dem Programm stehen, spielen jeweils zwei Mannschaften gegeneinander Volleyball. In einer der Mannschaften spielt Phil. Er ist ein guter Ballsportler und kann nur schlecht verlieren. Dieses Mal wurde er dem schwächeren Team zugeteilt, da er dieses mit seiner Sportlichkeit tatkräftig unterstützen soll. Trotz seiner Unterstützung verliert sein Team. Dies ärgert ihn so sehr, dass er aus Frust Marlon zur Seite schubst und ihn anschreit, warum er sich nicht mehr bemüht habe. Die Lehrkraft schreitet sofort ein und bittet Phil um die Formulierung einer Ich-Botschaft, um seinen Ärger zu verdeutlichen.

Vorgehen:
Lehrerin: „Phil, ich habe gesehen, dass dich etwas ärgert. Du darfst das jederzeit in Worte fassen. Gewalt dulde ich aber nicht. Kannst du mir sagen, was dich bedrückt?"
Phil: „Ich bin wütend. Ich hätte gerne gewonnen. Ich verliere nie und ich finde einfach, dass meine Mannschaft sich mehr anstrengen hätte müssen."
Lehrerin: „Ich verstehe deinen Ärger. Dennoch bitte ich dich, diesen Ärger niemals in Form von Gewalt an anderen auszulassen. Ich bin überzeugt, dass deine Mitschüler alles gegeben haben. Leider kann nicht jeder alles gleich gut und das ist auch in Ordnung. Ich bitte dich darum, dass du in Zukunft einfach mit deinen Klassenkameraden sprichst und ihnen mitteilst, warum du sauer bist!"
Phil: „Ich wollte das nicht. Ich habe nicht darüber nachgedacht. Es tut mir leid, Marlon. Ich werde das nächste Mal erklären, was mich bedrückt, und versuchen, eine bessere Lösung zu finden."

Innerhalb von entstehenden Konflikten übernehmen Lehrkräfte immer die Aufgabe, die Situation zu entschärfen und für ein besseres Verständnis zwischen den betroffenen Parteien zu sorgen. Den Ärger in Worte zu fassen, kann in einigen Fällen dazu beitragen, dass die Konfliktparteien ihren Standpunkt überdenken und ihr eigenes Verhalten dadurch reflektieren. Langfristig führt dies zur Herausbildung einer besseren Konflikt- und Problemlösefähigkeit und generiert ein harmonischeres Klassenklima. Basierend hierauf entwickeln die Kinder ihre *soziale Kompetenz.*

Soziale Kompetenz:
Die Ausbildung sozialer Kompetenzen geht mit zwischenmenschlichen Interaktionen einher. Sie bildet die Gesamtheit des Wissens, der Fähigkeiten und Fertigkeiten einer Person ab, die zu der Umsetzung eines guten Sozialverhaltens beitragen.
Unter Sozialkompetenz werden Fähigkeiten wie

- die Kontaktaufnahme zu anderen,
- Hilfe anzunehmen und zu geben,
- das Einfühlungsvermögen,
- der konstruktive Umgang mit Kritik sowie
- die Wahrnehmung anderer in ihrer Heterogenität

zusammengefasst.

Bonus: Waldorfpädagogik für zuhause

Die Waldorfpädagogik lässt sich nicht nur innerhalb von institutionellen Kontexten verwenden. Auch für den Einsatz in elterlichen Erziehungs- und Bildungskontexten ist sie geeignet. Damit Erziehung im Kontext einer waldorforientierten Pädagogik gelingt, ist das Bild des Kindes entscheidend.

- Rudolf Steiner versteht Kinder als vollständige Individualitäten, die sich entsprechend ihrer Neigungen, Interessen, Begabungen (und Handicaps) entwickeln und von der Geburt an bestrebt sind, ihre Entwicklung voranzutreiben. Im häuslichen Kontext sollten Eltern ihre Kinder daher ebenfalls in ihrer Individualität wahrnehmen und sie entsprechend ihrer Interessen und Vorlieben fördern und fordern.

- Damit die Entwicklung gelingen kann, benötigen Kinder im Sinne der Waldorfpädagogik kompetente Vorbilder und liebevolle Beziehungen. Aus diesem Grund ist es wichtig, dass Eltern zur Förderung der Entwicklung ihres Kindes als Vorbilder agieren und im Laufe der Entwicklung für sichere und verlässliche sowie liebevolle Beziehungen sorgen.

- Darüber hinaus wird das Kind als lernfreudiges Wesen betrachtet, das besonders in der frühen Kindheit und Schule bestrebt ist, sich Wissen anzueignen. Die Aufgabe der Eltern besteht in diesem Zusammenhang darin, verantwortungsvoll für Lernzusammenhänge zu sorgen, innerhalb derer sich Kinder sicher erproben und ihre Begabungen erarbeiten können, sodass sie das Vertrauen in die eigenen Fähig- und Fertigkeiten entwickeln können. Eltern sollten Hilfestellungen innerhalb des Lernprozesses nur dann geben, wenn das Kind diese tatsächlich benötigt.

- In der Vorschulzeit geht es für Kinder laut Steiner nicht darum, abrufbares Wissen zu generieren, sondern vielmehr darum, Basiskompetenzen wie Konzentrationsfähigkeit, Kontinuität, Sprachfähigkeit und Kognition zu entwickeln, um den Anforderungen des schulischen Lernens entgegentreten zu können. Der Aufbau der Basiskompetenzen soll dabei von den Eltern im alltäglichen Zusammenleben durch die Darbietung entsprechender Lernzusammenhänge unterstützt werden.

- Kinder lernen durch Nachahmung sowie durch die aktive Erforschung der Umwelt. Sie müssen in Bewegung bleiben, um sich ihre Umwelt anzueignen.

Praktisch kann die Umsetzung der Waldorfpädagogik demnach durch die nachfolgenden Faktoren unterstützt werden:

- Soll die pädagogische Strömung auch im familiären Alltag umgesetzt werden, kann dies durch die Einführung von **festen Ritualen** und sich wiederholenden Abläufen unterstützt werden. Rituale bieten Kindern Sicherheit, geben ihnen Halt und vermitteln auf diese Weise Geborgenheit. Sie machen die Welt für das Kind überschaubar und tragen dazu bei, dass sich das Kind innerhalb seines Entwicklungsprozesses auf die wirklich wichtigen Dinge, wie die Auseinandersetzung mit der Welt, konzentrieren kann.

- Neben Ritualen kann die Integration von **Tages- oder Wochenplänen** die vereinfachte Gestaltung der Abläufe unterstützen. Die bildliche Darstellung der Tages- und Wochenaktivitäten ermöglicht auch Kindern, die noch nicht über ein Lesevermögen verfügen, eine gute Orientierung. Bei der Umsetzung der Rituale und des Tagesplans sollten Eltern zudem darauf achten, dass ähnliche Zeiträume eingehalten werden.

- Haben sich diese Abläufe in einem bestimmten **Rhythmus oder Ritual** etabliert, muss über die Struktur nicht mehr diskutiert oder nachgedacht werden, da sie intuitiv umgesetzt wird. In regelmäßigen Abständen sollten Rituale und Abläufe dennoch auf ihre Aktualität hin überprüft werden und je nach Alter des Kindes gemeinsam an die Bedürfnisse des Tages angepasst werden.

- Bei der Anwendung der Waldorfpädagogik im Alltag benötigen Kinder daher eine **moralisch-ethische Erziehung**, die davon ausgeht, dass Kinder für eine gute und gesunde Entwicklung das Wahre, Schöne und Gute sowie die Achtung ihrer Bezugspersonen benötigen.

- Neben Ritualen kann die Erziehung nach waldorfpädagogischen Grundsätzen daher von Orientierung gebenden **Geschichten, Festen, die die Feierlichkeiten des Jahres** berücksichtigen, sowie von einem rücksichtsvollen Umgang mit der Natur und einem **Lebensrhythmus**, der sich an den Grundsätzen der An- und Entspannung (Atmung) orientiert, gerahmt werden.

- Für die Ausprägung der künstlerischen Fähigkeiten können neben dem Erzählen von Geschichten **die Musik, das Zeichnen, Malen, Plastifizieren sowie rhythmische Spiele** unterstützend eingesetzt werden.

- Auf der handwerklichen Ebene sollten Eltern ihre Kinder im Alltag beim **Kochen, Backen, der Gartenarbeit** sowie kleineren handwerklichen Tätigkeiten einbinden.

- Nebstdem sollen Kinder im Verlauf ihrer Erziehung zu einer **fragenden Grundhaltung** angehalten werden, die es ihnen möglich macht, lebenslang zu lernen. Diese Haltungen verlangen **von Erziehenden eine reflektierende Grundhaltung**.

Darüber hinaus sollten Eltern in der Entwicklung ihrer Kinder darauf achten, dass die Fantasie, die Gesundheit sowie die Persönlichkeit des Kindes gestärkt werden. Kinder sollen lernen, verantwortungsvolle und freie Menschen zu werden, die sich innerhalb der Gesellschaft frei bewegen und über die nötige Weltoffenheit und Urteilsfähigkeit verfügen, um gute Entscheidungen treffen zu können. Die Waldorfpädagogik geht dabei davon aus, dass der körperliche Alterungsprozess desto gesünder verläuft, je harmonischer die Entwicklung und Erziehung innerhalb des kindlichen Wachstumsprozesses verläuft. Somit wird die Pädagogik als gesundheitsförderlicher Entwicklungsprozess begriffen.

Zu den pädagogischen Grundelementen, die sich an einer Waldorfpädagogik orientieren, sollten die Erziehenden in diesem Kontext durch das eigene Vorbild ethische und soziale Werte vermitteln, die dem Kind Sicherheit und Halt im Rahmen seines Aufwachsens geben. Basierend darauf zeigt das verbindliche Setzen von **Regeln und Grenzen** einen sicheren Erfahrungsraum an, innerhalb dem sich das Kind ausprobieren und seine Welt aneignen kann. Für die Erziehung zur Freiheit und Menschlichkeit sind die Erwachsenen und die von ihnen gelebte Wirklichkeit der zentrale Baustein der kindlichen Entwicklung. Die hier erfahrene Wirklichkeit wird durch das Kind in seiner eigenen Lebensumgebung nachgeahmt und es erfährt auf diese Weise, wie es sich innerhalb der sozialen Gemeinschaft einordnen kann. Hieraus ergibt sich für die Eltern und Erziehenden eine zentrale Kernaufgabe:

Die Kernaufgabe von Eltern und Erziehenden im Rahmen der Waldorfpädagogik:
Die Kernaufgabe eines Erziehenden besteht im Sinne der Waldorfpädagogik darin, in jedem Kind die Kompetenzen zur Selbstbestimmung anzuregen und es zu einem Wesen zu formen, das in der Lage ist, lebenslang zu lernen und sich zu entwickeln. Hierzu muss es von Eltern und Erziehenden aufmerksam wahrgenommen und gefördert werden, daneben muss der kindlichen Individualität Schutz und Respekt geboten werden.

Hinsichtlich der Spielmaterialien können sich Eltern im häuslichen Kontext an den folgenden Punkten orientieren:

• Die Waldorfpädagogik orientiert sich an einfachen Spielmaterialien. Als Anhaltspunkt legt die Waldorfpädagogik Wert auf Spielmaterialien aus natürlichen Bestandteilen. Hierbei orientiert sie sich an der Natur, worauf ein wesentlicher Schwerpunkt während des freien Spiels liegt.

• Sinneserfahrungen können auf dem Waldboden erfahrbar gemacht werden.

• Gebastelt wird mit Blättern, Eicheln, Hölzern und allem, was die Natur zu bieten hat.

• Zudem sind Lernspielzeuge aus dem Werkstoff Holz denkbar.

Im schulischen Kontext soll das Kind im Sinne der Waldorfpädagogik im häuslichen Umfeld dabei unterstützt werden, die erlernten Tätigkeiten weiter auszubauen. Die Waldorfpädagogik denkt diese Übung nicht zwangsläufig basierend auf einem formellen Kontext von Hausaufgaben, sondern vielmehr als ein informelles Lernen, das im Alltag beiläufig stattfindet. Zudem kann das Erlernte auf einer freiwilligen Basis aufgrund der intrinsischen Neugier weiter ausgebaut werden. Solange das Pensum für das kindliche Gehirn bewältigbar erscheint und eine intrinsische Motivation am Lernstoff besteht, kann das Lernen im häuslichen Umfeld unterstützt und befördert werden.

Die Lehrperson hat dabei einen ebenso bedeutenden Einfluss auf das Kind wie das häusliche Umfeld. Die Kernaufgaben basieren dabei auf:

- **Verlässlichkeit und Wandlungsfähigkeit:** Vereinbarungen, die mit der Lehrkraft getroffen werden, werden verlässlich eingehalten, dennoch kann auf unvorhergesehene Ereignisse reagiert werden.

- **Erkennen und Ermutigen:** Der Lehrer erkennt die Kompetenzen des Kindes an und fördert durch Anerkennung und Lob die fortlaufende Lerntätigkeit des Kindes.

- **Festigung des Vertrauens durch Erfahrung:** Innerhalb der Bewältigung von Lernaufgaben lernt das Kind, dass die vorgeschlagenen Lösungsstrategien der Lehrkraft zum Erfolg führen.

Diese Haltungen können Eltern in ihren häuslichen Alltag integrieren, um die Erziehung zur Freiheit und Eigenständigkeit des Kindes entwicklungsfördernd zu unterstützen. Das Zusammenspiel von Schule und häuslichem Umfeld hinsichtlich der Ausgestaltung und Interaktion ist für die Sicherheit des Kindes und einen lernförderlichen Entwicklungszusammenhang ein unweigerlicher

Bestandteil der Waldorfpädagogik und die Basis, auf der das Lernen gelingt. Der gemeinsame Erziehungsauftrag bietet dem Kind in diesem Rahmen die äußeren Umstände, um sich mit seiner Welt ungestört auseinandersetzen zu können.

Waldorfpädagogik – eine antroposophische Pädagogik

Geht es um die Abschaffung von Bildungsungleichheiten, kann die Waldorfpädagogik als möglicher Lösungsansatz verstanden werden. Viele Eltern fühlen sich mit der Wahl von staatlichen Schulen oder Kitas nicht mehr wohl und suchen zunehmend nach geeigneten Alternativen für die Betreuung ihrer Kinder. Die Waldorfpädagogik versteht sich im Rahmen von pädagogischen Institutionen als ein Ort, an dem sich Kinder zu Hause und in ihrer Person angenommen fühlen sollen. Das Lernen soll in seiner Selbstständig- und Selbsttätigkeit durch die gezielte Darbietung von Lernmaterial durch die Lehrkraft Unterstützung finden. Die Waldorfpädagogik versteht sich dabei als eine Erziehung zur Freiheit. Dabei basiert sie auf einer anthroposophischen Menschenkunde, die auf den Begründer Rudolf Steiner zurückgeht. Die Strömungen seiner Überlegungen hinsichtlich einer Pädagogik für alle prägen bis heute das Gedankengut vieler pädagogischer Institutionen hinsichtlich des Lehrplans, des Unterrichts sowie der Ausgestaltung der Räumlichkeiten. Bei der Ausgestaltung wird insbesondere auf eine abwechslungsreiche Darbietung des Lernstoffs in einem Rhythmus von Anspannung und Entspannung Wert gelegt. Hierbei erfolgt das Lernen mit Kopf, Herz und Hand, also ganzheitlich, mit allen Sinnen. Den unterschiedlichen Fächern kommt dabei eine gleichwertige Wichtigkeit bei der Herausbildung von Kompetenzen zu, sodass es Hauptfächer im eigentlichen Sinn, wie sie von traditionellen Schulsystemen umgesetzt werden, nicht gibt.

Mit Blick auf die Chancen und Grenzen der Waldorfpädagogik für moderne Bildungszusammenhänge kann daher gesagt werden, dass sie in Ansätzen erste Umsetzungsstrategien für eine Integrations- und Inklusionsbewegung liefert. Auf diese Weise ergeben sich eine Reihe an Umsetzungsmöglichkeiten, die der Ausbildung von Bildungsungleichheiten, wie sie innerhalb klassischer Schulkontexte noch immer entstehen, entgegenwirken. Auch die Abstimmung des Unterrichts auf die Individualitäten der kindlichen Entwicklungen unterstreicht diesen Sachverhalt. Bereits vor der Inklusionsbewegung denkt die Waldorfpädagogik somit ähnliche Grundsätze, indem sie versucht, eine Schulgemeinschaft für verschiedene Individuen zu gestalten.

Es zeigt sich somit: Sowohl für die Abschaffung der Ungleichheiten innerhalb des Bildungssystems als auch für Erziehungskontexte im häuslichen Umfeld können die pädagogischen Grundgedanken gewinnbringend umgesetzt werden. Gerade aufgrund ihrer Handlungsorientierung, ihren Weltbezug, die Berücksichtigung des ganzheitlichen Lernens, die Entwicklung der sozialen Fähigkeiten sowie die Berücksichtigung der individuellen Bedürfnisse ist das Konzept der Waldorfpädagogik für die Herausforderungen des 21. Jahrhunderts gewappnet. Durch das Ansprechen von Kopf, Herz und Hand wird die Willenskraft des Kindes entwickelt, sodass Schüler befähigt werden, ihren Platz innerhalb einer globalisierten Welt einzunehmen und sich darin zu bewegen. Wenngleich die Waldorfpädagogik eine Dreiteilung des Menschen denkt (Lernen mit Kopf, Herz, Hand), führt diese Idee nicht zu einer Selektion innerhalb des Bildungssystems. Die Förderung der künstlerischen Begabungen sowie die fehlende Leistungsorientierung ermöglichen das kindliche Aufwachsen ohne einen selektiven Vergleich mit anderen Schülern, wodurch die Heterogenität, durch die das menschliche Zusammenleben geprägt ist, hervorgehoben wird. Auf diese Weise lernen die Kinder innerhalb des Waldorfkonzepts das Lernen für das Leben, anstatt sich ausschließlich für die Erledigung bestimmter Klassenarbeiten vorzubereiten und das Erlernte im Anschluss wieder zu vergessen. Hierdurch lernen sie, sich ein umfassendes Wissen anzueignen, das sie dazu befähigt, selbstbewusst durch das Leben zu gehen.